KB170559

인생을 바꾸는
# 긍정의 한마디

인생을 바꾸는

# 긍정의
# 한마디

이정환 지음

SIA
A

이제까지 성공한 사람 중에 인간관계에 문제가 있는 사람은 거의 없습니다. 그런 사람들은 상대방의 마음을 제대로 읽어 내고, 상대방 입장을 배려하는 자세로 자기가 원하는 것을 얻어 냅니다.

그 속에서도 결코 위선이나 과장된 포장은 보이지 않습니다. 있는 그대로의 자신을 보여 주고, 상대로 하여금 스스로 다가오게 만듭니다. 그런 사람 주위에는 언제나 좋은 사람들이 모여듭니다.

또한 뜻한 바를 성취하기 위해 열정과 노력을 아끼지 않습니다. 하루하루가 소중한 인생인데 아무렇게나 흘려보낼 수가 없습니다. 지금 이 순간의 삶이 바로 자신의 삶이고 인생임을 너무나도 잘 알고 있습니다. 남을 비방하거나 모략할 시간이 없습니다. 오로지 자신을 위해 목표를 설정하고 전력을 기울입니다.

그런 사람은 자기관리에 철저한 사람입니다. 남에게는 관용을 베풀면서도 자신은 절대 용서하지 않는 사람입니다.

또한 이성과 지성의 평행을 잘 유지하며 감정에 이끌리지 않습니다.

무엇을 하건 결코 급하게 서두르는 법이 없습니다. 자기관리가 되지 않는 사람은 어떠한 일도 끝까지 해내는 경우가 적은 법입니다.

행복은 이러한 조건들 속에서 자신의 일에 만족을 느낄 때 찾아옵니다. 웃음 띤 얼굴이라고 해서 모두가 행복한 것은 아닙니다. 진정한 행복은 뿌린 것을 거두어들이는 기쁨인 것입니다. 아무런 노력도 없이 얻어지는 수확은 너무도 쉽게 빠져나가 버립니다. 그것은 진정으로 내 것이 아니기 때문입니다.

삶에 대한 기쁨이나 보람은 생각과 노력이 일치되었을 때 얻어지는 선물입니다. 이제 자신을 위해 투자할 줄 알아야 합니다. 하루가 시작되는 아침 5분이라도 당신을 위해 투자하는 시간을 가지십시오.

## 제2장
# 성공을 위해 무엇을 버리고 무엇을 얻을 것인가

**제3장**

## 지금 행동하라.
## 가장 좋은 시기는 바로 지금이다

## 제4장

 잘 웃는 사람이 인생을 행복하게 산다

Don't show your weak sides to others

**1**

# 상대에게
# 자신의 단점을
# 보이지 말라

# 재치 있다는 말을 얻으려다
# 신뢰를 잃는다

살아가는 동안 재치가 필요할 때가 있고, 지혜가 필요할 때가 있다. 이 두 가지의 경우를 구분하지 못하는 사람은 어리석은 사람이다.

분위기가 심각할 때에는 위트보다 오히려 정중하게 행동하는 것이 더 현명하다. 언제나 흥분이나 기쁨만을 열망하는 사람은 어떠한 위안이나 만족을 느끼기 어렵다.

농담만을 즐기는 사람은 인생이 농담이나 장난이 아님을 깨닫는 데 오랜 시간이 걸린다. 모든 사람, 모든 사물을 비웃기만 하는 사람 또한 다음 순간, 곧바로 바보 취급을 당하게 된다. 농담이란 농담으로서의 흥미를 잃는 순간, 그 자신이 곧 농담의 대상이 되어버리기 때문이다.

---

분위기가 심각할 때에는 위트보다 정중하게 행동하라.

# 자신을 필요로 하는 자를
# 좋아하라

위대한 사람들은 대개 훌륭한 전략을 가지고 있었고, 그들은 늘 가장 뛰어난 조언과 충고를 아끼지 않았다. 지혜로운 자들은 어디서나 조언자였고 전략가였던 것이다.

그들은 젊은 사람들에 대해서도, 늙은 사람들에 대해서도 조언과 충고를 선택하는 데 있어 어떠한 편견도 갖지 않았다.

사려 깊은 조언자들을 통해 유익한 가르침을 거둔다는 것은 참으로 총명한 일이다.

지혜로운 자들의 정제된 지식을 자기 것으로 만들고, 진심 어린 상대의 충고와 조언을 거절하지 않는다면 그대들에게 결코 실패나 파국이 찾아오는 일은 없을 것이다.

---

지혜로운 자의 지식을 자기 것으로 만들고, 상대의 충고와 조언을 받아들여라.
실패나 파국을 피할 수 있다.

# 바보만이 의도적으로
# 적을 만든다

🎩 다정했던 친구와 의견이 달라 서로 떨어져 지낼 수는 있다. 그러나 함부로 절연해서는 안 된다. 오직 바보만이 의도적으로 적을 만드는 것이다. 적은 언제나 해를 입히게 마련이다.

버려진 친구는 그대들의 비밀과 약점을 이미 잘 알기 때문에 어떤 적보다도 더 나쁜 해를 끼칠 수 있다. 그리하여 아주 하찮은 일에 대해서도 자주 서로를 비난하게 된다.

쉽게 깨진 우정은 언제나 심각한 후회를 낳는다. 필연적으로 헤어져야 한다 해도, 심각하게 다투는 것보다는 차라리 천천히 냉각되도록 하라. 후회하는 것보다는 후퇴하는 편이 훨씬 낫기 때문이다.

---

깨진 우정은 언제나 심각한 후회를 낳는다. 심각하게 다투는 것보다는 차라리 천천히 냉각되도록 하라.

# 진정한 관심만이 상대방의 문을
# 열게 한다

🎩 이쪽에서 진정한 관심을 보여 준다면 상대편에서도 똑같이 관심을 나타내는 법이다.

자신이 다른 사람들에게 어느 정도의 관심을 갖고 있는지 알고 싶다면 다음 물음에 대답해 보라. 여러 사람들과 함께 찍은 사진에서 누구의 얼굴을 제일 먼저 찾는가?

자신이 다른 사람들의 관심을 끌고 있다고 생각한다면 다음의 물음에 대답해 보라. 만약, 내가 오늘 죽는다면 내 장례식에 올 사람은 몇 명이나 될 것인가?

내가 상대방에게 관심을 갖고 있지 않은데, 어떻게 상대방이 나에게 관심을 가질 수 있겠는가. 무조건 상대방을 현혹시켜 관심을 얻으려 든다면 결코 참된 친구를 얻을 수 없다.

---

내가 상대방에게 관심을 갖고 있지 않은데, 어떻게 상대방이 나에게 관심을 가질 수 있겠는가. 이쪽에서 진정한 관심을 보여 준다면 상대편에서도 똑같이 관심을 나타내는 법이다.

# 우정은 선물처럼 그냥 배달되지 않는다

우정이란 가만히 있어도 가져다주는 선물이 아니다. 남이 초대해 주기만을 기다려서는 남에게 호감을 사기가 불가능하다는 것을 알아야 한다.

은행에 저축한 돈을 찾거나 상환 기일이 된 빚을 받아 내듯이 우정을 누군가로부터 당연히 받을 수 있다고 생각하는 사람은 없을 것이다. 지속적인 우정을 밑바탕으로 하는 대인 관계는 노력 없이는 얻을 수 없다.

상대방이 당신을 따르게 하고 싶거든 먼저 다가가서 손을 내밀고 헌신하라. 상대방도 당신의 손을 잡을 것이다.

---

우정이란 가만히 있어도 가져다주는 선물이 아니다. 상대방이 당신을 따르게 하고 싶거든 먼저 다가가서 손을 내밀고 헌신하라.

# 조그만 실수가
# 명성을 무너뜨린다

🎩 이 세상에서 실수만큼이나 흔한 일은 없으며, 때론 그것만큼 아름다운 일도 없다. 그러나 어떤 실수를 저지르든 그것이 사적인 것이라야지 공적인 것이어서는 안 된다.

아무리 현명한 사람도 살아가는 동안 작은 실수를 여러 번 할 수 있다. 그러나 결코 공적인 큰 실수를 저지르지는 않는다.

사람들은 흔히 타인의 잘못을 화제로 삼게 마련이다. 천천히 가는 배에 실린 나쁜 소문이, 빨리 가는 배에 실린 좋은 소식보다 빨리 전해지는 것과 같은 것이다.

조그마한 실수 하나로 당신이 지금껏 쌓아 놓은 명성이 손상되지 않도록 해야 한다. 명성, 그것은 당신이 가진 가장 가치 있는 것 가운데 하나이기 때문이다.

---

천천히 가는 배에 실린 나쁜 소문이, 빨리 가는 배에 실린 좋은 소식보다 빨리 전해진다.

# 거절하는 법을 아는 것은
# 승낙하는 것만큼 중요하다

🎩 자립심을 가진 사람이 되어야 한다. 특별한 사정도 없이 다른 사람에게 의지하고 한순간에 그 사람의 소유가 되는 것은 구걸하는 거지나 마찬가지다.

당신의 자립심만큼이나 중요한 것은 다른 사람도 역시 당신에게 의지하지 못하게 하는 일이다. 사랑하는 후배가 당신에게 기대고 싶어 한다면, 그들 스스로 배를 저어 멀리 나아가도록 자극하라. 당신 자신이 진 짐만으로도 당신은 충분하다.

그리고 명심해야 할 것은 교활한 친구, 즉 당신이 그 사람을 의지하도록 만들어 놓고, 이를 이용해서 당신을 조종하려는 자들을 경계하라는 것이다.

---

당신 자신이 진 짐만으로도 당신은 충분하다.

# 말이란 그 사람의 마음과
# 인격이다

인생에서 대화는 매우 일상적이지만, 대단한 주의와 수용을 요구하기도 한다.

본질적으로 마음속에 있는 것이 입 밖으로 나오게 마련이다.

어떤 사람은 그 방법과 태도에 따라 그의 인생에서 승자가 되느냐, 패자가 되느냐에 상당한 영향을 준다고 한다.

훌륭한 대화, 좋은 대화란, 수다를 떠는 것과는 다르다. 대화에는 목적이 있고, 원칙이 있고 또 상쾌함이 있다.

"내가 아는 것을 그대에게 말하노니" 하는 식으로 옛 현인들의 설교가 되어서는 안 될 일이다. 근본적으로 말은 그 사람의 마음과 인격을 나타낸다.

---

대화에는 목적이 있고, 원칙이 있고 또 상쾌함이 있어야 한다.

# 상품을 팔기 전에 자신을
# 먼저 팔아라

사람을 기쁘게 하는 것은 다른 사람을 당신에게로 이끄는 마법과도 같은 것이다. 당신 자신만의 매력을 소유하라. 그것은 침묵 속에서도 발휘될 수 있는 또 하나의 힘이다.

재능만으로는 그 이상의 발전을 기대할 수 없다. 만약 당신에게 귀한 재능이 있다면, 그 빛나는 재능 위에 호감을 주는 매력적인 인성을 입혀야 한다.

훌륭한 세일즈맨은 상품을 팔기 전에 언제나 자신을 먼저 판다.

---

당신의 귀한 재능에 호감을 주는 매력적인 인성을 입혀라.

# 공손함은 훌륭한
# 정치적 요술이다

🎩 인생의 대부분은 자신의 의견을 다른 사람에게 확신시키는 것으로 채워진다. 따라서 대화는 대단히 중요한 요소이며, 이를 항상 인식하여 말하는 습관을 단련해야 한다.

달콤한 말과 유쾌한 매너로 부드럽게 이야기하는 것을 싫어하는 사람은 아무도 없다. 상대를 대할 때, 지혜로운 한마디의 말로 커다란 상처를 치유해 줄 수도 있다.

상대는 당신의 그 실크와도 같은 부드러운 말 때문에 당신의 의견을 쉽게 받아들일 수 있는 것이다. 그러기 위해서는 항상 지금보다 더욱 친절해지도록 노력하라.

스스로 부드럽고 친절한 사람이 되는 것, 그것이 가장 커다란 힘이다.

---

# 과도한 은총은
# 적을 만들 수도 있다

🎩 지혜로운 사람은 절대 다른 사람의 고통에 간섭하지 않는다.

오늘 불행에 빠져 도움을 필요로 하는 사람은 어제까지 행복했던 자들이고, 그들은 언젠가 또다시 행복해질 것이다. 그것이 운명의 무서운 법칙이다.

도움의 손길은 도움 받을 만한 가치가 있는 자들에게 뻗쳐야 한다. 냉정한 판단력으로, 타인의 짐을 대신 지는 어리석은 짓은 하지 말라.

그렇지 않으면, 그들은 영영 인내심을 잃게 되고, 당신은 당신 자신으로부터의 절망이 아니라 그들의 절망에 함께 내던져지게 될 것이다.

---

도움의 손길은 도움 받을 만한 가치가 있는 자들에게 뻗쳐야 한다. 타인의 짐을 대신 지는 어리석은 짓은 하지 말라.

# 예리함은
# 미움의 대상이 된다

지혜로움도 지나치면 오히려 나쁜 결과를 낳는다.

교묘함보다는 지각 있는 사람이 되는 것이 더 중요하다.

너무 예민한 사람은 지금 당장이 아니라도 언젠가는 공격받는 사람에 의해 무너지게 되어 있다. 상식적인 접근만이 어려움 없이 수용될 수 있는 것이다.

당신이 적어도 두뇌를 가진 자라면, 섣부르게 다른 사람의 소문을 유포하는 것은 자제해야 한다. 만약 그렇지 않다면 당신에 대한 최소한의 존경심마저 분노로 변할 것이다.

---

섣부르게 다른 사람의 소문을 유포하는 것은 자제해야 한다. 그렇지 않다면 당신에 대한 최소한의 존경심마저 분노로 변할 것이다.

# 매력적인 카멜레온이
# 되어라

매력은 마음의 문을 열게 한다. 그것은 무장하지 않은 훌륭한 개성이며, 미소와 어우러져 다른 사람과의 관계를 완벽하게 이끌어 준다.

매력적인 카멜레온이 되어라. 그것은 필수 요소이다. 당신은 스스로 자신의 재능과 화법과 사고 등에 보다 나은 기술을 더해야 한다.

매력이 없으면 사람은 조잡해진다.

매력은 뜻밖의 불안에도 우리를 지켜 주고 한 개인을 완벽하게 조율해 주며, 나아가 우리 모두를 조율해 준다.

---

매력은 마음의 문을 열게 한다. 그것은 다른 사람과의 관계를 완벽하게 이끌어 준다.

# 우정은 커다란 힘이
# 되어 준다

누구에게나 친절하게 대하라. 그리고 신뢰할 수 있는 사람과는 아주 밀접하게 교제하라. 하지만 어떤 사람을 신뢰하기 위해서는 오랜 시간이 걸린다. 진정한 우정은 아주 천천히 자라는 식물과도 같기 때문이다. 그 우정이라는 새싹이 이름에 걸맞게 자랄 때까지 온갖 역경과 시련을 겪지 않으면 안 된다.

진정한 우정은 친구에게 강력한 힘이 되어 준다. 슬플 때 슬픔을 받아 주고, 기쁠 때 기쁨을 배가시켜 주며, 고통을 함께 함으로써 아픔을 견디게 하고, 잘못이 있을 때는 바로잡아 주는 것이 친구이다.

친구는 좋은 약 이상으로 도움이 되는 존재이다. 약이란 병든 사람을 낫게 하기 위해서 필요하지만, 친구는 병약한 사람이나 건강한 사람이나 모두에게 도움이 되기 때문이다.

---

기쁠 때 기쁨을 배가시켜 주며, 고통을 함께 함으로써 아픔을 견디게 하고, 잘못이 있을때는 바로잡아 주는 것이 친구이다.

# 상대방의 입장을 먼저 고려하라

인간의 행동이란 마음속에서 비롯된 욕구로부터 생겨난다. 따라서 상대방을 끌어들이는 최선의 방법은 상대방이 원하는 문제를 같이 이야기하고, 또한 그것에 대하여 조언을 해주는 것이다. 만일 당신이 지금 당장이라도 어느 누군가를 움직이려 한다면 이 사실을 꼭 명심해 두어야 한다.

성공의 비결이라는 것이 있다면, 그것은 상대방의 입장을 먼저 이해하고 자신의 입장과 상대방의 입장을 동시에 비교하며 대처해 나가는 능력일 것이다.

---

상대방을 끌어들이는 최선의 방법은 상대방이 원하는 문제를 같이 이야기하고, 또한 그것에 대하여 조언을 해주는 것이다.

# 상사를
# 이기려 하지 말라

🎩 상사보다 더 인정받으려고 하지 말아라. 그것은 치명적인 종말을 앞당길 수 있다.

윗사람의 시기와 질투를 받는 것은 인간 세계만의 일이다. 그러나 현명한 부하는 배역에 맞게 연기하는 배우처럼 상사와 비교되는 순간, 자신의 능력을 감춘다.

흔히 상사는 지성이 모자라는 것이 아니라 행운이나 사랑에 있어서 낮은 위치에 있다. 그것이 옳든 그르든 상사의 권위를 무너뜨려서는 안 된다.

이런 모습은 태양의 빛을 능가하지 않으면서도 늘 빛나는 밤하늘의 별과 같은 것이다.

---

현명한 부하는 배역에 맞게 연기하는 배우처럼 상사와 비교되는 순간, 자신의 능력을 감춘다.

# 친구의 어리석음을 묵인하는 자가
# 더욱 어리석다

👒 친구가 어리석은 자임을 알았다면 당신은 그를 멀리해야 한다.

가장 어리석은 사람은 어리석은 친구를 그대로 인정하는 것이다. 그런 경우, 많은 사람들은 동시에 두 사람 모두를 저버리게 된다.

경솔하여 말과 행동이 가벼운 자들은 쓸모없는 친구들이다. 그들의 정신적 어눌함은 역사에 길이 빛나며, 그 행동은 서커스단의 왕관과도 같다. 그들에게는 비밀이 없다.

그들은 정체성을 갖추지 못했기 때문에 서로의 명성에 도움이 되지 못한다. 그러나 그들이 아무런 도움이 되지 않는다고 해도, 그들의 불행이 새로운 경고가 된다는 면에서는 철학적 가치가 있다고도 할 수 있겠다.

---

가장 어리석은 사람은 어리석은 친구를 그대로 인정하는 것이다.

# 상대방의 관심 분야를
# 파악하라

사람의 마음을 휘어잡기 위해서는 그 사람이 무엇에 관심을 가지고 있는지 알고, 그것을 화제로 삼는 것이 둘도 없는 지름길이다.

자신이 관심을 가지고 있는 분야가 화제로 떠오를 때 사람은 누구나 할 것 없이 눈에 빛을 발하고, 상대방에 대한 경계심을 금방 풀어 버리기 때문이다.

상대방의 관심이 어디에 있는가를 먼저 파악하라. 그것이 상대방의 마음의 문을 여는 열쇠이다.

---

상대방의 관심이 어디에 있는가를 먼저 파악하라. 그것이 상대방의 마음의 문을 여는 열쇠이다.

# 진심으로
# 칭찬하라

상대방을 자신의 편으로 만들고 싶으면 그가 원하는 것이 무엇인지를 명확히 파악하여, 그것을 이룰 수 있다는 확신을 심어 주어라. 당신의 칭찬과 격려에 상대방은 최선을 다해 목표를 이루고자 하는 강한 의욕을 가지게 되고, 실제로 그렇게 행동하게 되는 것이다. 이 법칙만큼은 어느 한 사람도 예외가 있을 수 없다.

진심으로 칭찬하고 아낌없는 찬사를 보내라. 이것이 인간관계의 핵심 전략이다.

# 대답하기 전에
# 충분히 생각하라

결정하기 전에 잘 듣고, 자세히 관찰하고, 추리하라. 깊이 숙고한 자는 가벼운 마음으로 실행할 수 있다. 그러므로 순간순간마다 깊은 성찰과 반성을 하라.

충동이 감정을 조성하고 정신적으로 압박을 가해오면 '예'와 '아니오'의 양 극단에서 중립적인 자세를 유지해야 한다.

자신을 잘 아는 것과 자신을 컨트롤한다는 것은 자기 향상에 있어서 첫째 요소이다.

감정의 과다 개입은 상식적인 판단의 질서를 파괴하고 삶의 목적을 쇠퇴시킨다.

---

충동이 감정을 조성하고 정신적으로 압박을 가해오면 '예'와 '아니오'의 양 극단에서 중립적인 자세를 유지해야 한다.

# 말이 많은 사람은
# 생각이 적다

🎩 당신은 남의 소문을 만드는 주인공이 되어서는 안 된다. 다른 사람의 수치를 퍼뜨리는 자는 자신을 부끄럽게 하는 것이다.

다른 사람의 뒤에 자기 잘못을 숨기는 것은 오직 바보에게만 위안이 되는 것이다.

다른 사람의 죄책감을 즐김으로써 자신의 악취를 달콤하게 하려는 것 역시 어리석은 것이다.

동정심 있는 현명한 사람은 남의 소문이나 이야기하면서 귀중한 인생을 허비하지 않는다.

---

동정심 있는 현명한 사람은 남의 소문이나 이야기하면서 귀중한 인생을 허비하지 않는다.

# 다친 손가락을
# 상대에게 보이지 말라

🎩 다른 사람들은 당신이 어려움에 처했을 때의 민감함을 통해 당신의 용기를 추정한다. 당신의 용기가 허둥댈 때 방어력은 저하되며, 그럼으로써 당신은 비열한 길을 걷게 된다.

강하게 서야 한다. 당신이 4분의 1을 항복하면 절반을 잃게 되고, 결국에는 전부를 잃게 된다. 당신의 마음에 용기를 조합시켜야 한다. 그러면 두 겹의 방어 무기를 갖추게 되는 것이다.

지위는 높지만 용기 없는 장군은 이론으로만 군대를 지휘할 뿐이다. 그 연약한 군대는 패배하고 분쟁은 심화된다. 달콤한 꿀과 톡 쏘는 침을 함께 지닐 줄 알아야 한다.

---

강하게 서야 한다. 당신이 4분의 1을 항복하면 절반을 잃게 되고, 결국에는 전부를 잃게 된다.

# 속단은 금물이다.
# 마지막까지 듣고 판단하라

🎩 사람들은 대개 처음 듣는 이야기에 속기 쉽다. 일시적인 기분이나 순간적인 충동의 포로가 되는 것이다. 그들은 처음 들은 이야기를 아무런 생각도 없이 확신해 버린다.

그러나 자제력이 있는 사람은 첫인상의 노예가 되지는 않는다. 첫인상이란 기껏해야 피상적인 것이다.

흔히 첫 번째 소식은 최고의 거짓말이며, 두 번째 소식은 조금 완화된 거짓이다. 맨 마지막 소식에 이르러서야 믿을 만한 정도의 현실성을 띠게 되는 것이다.

어떤 이들의 마음은 언제나 맛이 변하지 않는 포도주와 같다. 그러나 교활한 자들은 수시로 말을 바꿔 사람들로부터 신뢰를 얻으려고 애쓴다.

솔로몬은 반드시 하나의 이야기에도 그 양면을 살피기 위해 두 번 귀를 기울였다고 한다. 첫인상이나 한마디 말로 속단하는 것은 인격의 결핍을 자랑하는 것이다.

---

첫 번째 소식은 최고의 거짓말이며, 두 번째 소식은 조금 완화된 거짓이다. 맨 마지막 소식에 이르러서야 믿을 만한 정도의 현실성을 띠게 된다.

# 현명한 자는
# 영원함을 믿지 않는다

🎩 인생의 변화에 예리한 눈을 가진 자는 오늘의 친구가 내일 원수가 될 것을 알면서도 오늘은 그를 믿는다.

상황이 좋을 때만 친구인 사람은 언젠가는 실망을 가져오게 마련이다. 잘못된 신뢰는 그 나쁜 영향이 반사되어 되돌아오는 것이다.

원수의 손에 장전된 총을 쥐어 주는 바보가 어디 있겠는가. 의심스러운 친구와 지낼 때는 어떠한 실망이라도 감수할 수 있는 마음의 방을 따로 준비해 두어야 한다. 배반당한 뒤의 증오는 아무런 도움이 안 된다.

---

의심스러운 친구와 지낼 때는 어떠한 실망이라도 감수할 수 있는 마음의 방을 따로 준비해 두어야 한다.

# 남을 먼저 받아들여라.
# 모든 것이 수월하다

타인의 기분을 맞추는 것도 하나의 기술이다. 만약 당신이 지도자라면 이 기술은 반드시 계발해야 한다. 그렇다고 해서 자신을 포기하고 타인만을 위해서 살라는 말은 아니다. 혹은 이집트의 간신들처럼 아부하고 아첨하라는 말은 더욱 아니다.

인간은 무리를 떠나서는 살 수 없는 존재이다. 화합하고 융화하는 것은 지극히 인간다운 자세이며, 결국에는 자신을 행복하게 하는 열쇠가 된다. 자신을 다른 사람에게 건넨다는 것, 이 얼마나 환희에 넘치는 일인가.

---

화합하고 융화하는 것은 지극히 인간다운 자세이며, 결국에는 자신을 행복하게 하는 열쇠가 된다.

# 상대방의 욕구를
## 불러일으켜라

누군가와 어떤 일을 함께 하고 싶다면 그 일이 왜 좋은지를 최대한 부각시켜라. 그러면 상대방은 스스로 그 일에 동참하고 싶어할 것이다.

사람을 움직이는 최선의 방법은 먼저 상대방의 마음속에 강한 욕구가 일어나도록 만드는 것이다. 상대방이 스스로 욕구를 불러일으키게 하는 사람은 많은 사람들의 지지를 얻는 데 성공할 수 있지만, 그렇지 못한 사람은 한 사람의 지지자도 얻기 힘들다.

---

누군가와 어떤 일을 함께 하고 싶다면 그 일이 왜 좋은지를 최대한 부각시켜라.
상대방은 스스로 그 일에 동참하고 싶어할 것이다.

# 상대방의 이름을 기억하고
## 불러 주어라

🎩 사람들의 호감을 사는 방법 중 가장 간단하고 평범하면서도 가장 중요한 방법은 상대방의 이름을 기억하고 불러 주는 것이다. 이것은 상대방으로 하여금 자기 자신에 대한 중요성을 느끼게 만들어 준다.

잘 알지 못하는 누군가가 자신의 이름을 기억하고 불러 준다는 것은 확실히 기분 좋은 일이다. 어떤 경우에는 그것이 칭찬보다도 훨씬 큰 효과를 나타내기도 한다. 반대로 상대방의 이름을 잊어버리거나 잘못 쓰는 경우에는 당연히 상대방의 기분을 불쾌하게 만들기 때문에 말썽을 일으키기도 한다.

성공을 거둘 수 있는 비결은 바로 상대방의 이름을 섣불리 취급하지 않고 존중해 주는 데 있다는 것을 명심하라.

---

성공을 거둘 수 있는 비결은 바로 상대방의 이름을 섣불리 취급하지 않고 존중해 주는 데 있다.

# 진짜 적은 재난을 당했을 때 드러난다

친구는 고통의 순간을 즐거움으로 바꾼다. 마치 검정색을 흰색으로 바꾸어 놓듯이, 불행을 행복으로 바꾸어 놓는다.

어리석은 자는 친구로부터 많은 것을 얻지만, 현명한 자는 적으로부터 더 많은 것을 얻는다.

한 손은 흔들고, 한 손은 속이는 친구들을 주의하라. 오히려 기대하지 않은 적으로부터 순간적으로나마 유익한 도움을 받을 수도 있다는 사실을 기억하라.

---

어리석은 자는 친구로부터 많은 것을 얻지만, 현명한 자는 적으로부터 더 많은 것을 얻는다.

# 믿음이 없다는 것은
# 대단한 불행이다

기회주의자들을 자세히 보라. 그들은 날씨가 좋을 땐 열심히 연주하다가, 날씨가 나빠지면 음악을 멈추고 만다.

대개 기회주의자는 사상의 원칙이 없으며, 주위의 압력을 받으면 무서워서 벌벌 떤다. 타인들에게 헛된 욕망만 심어 주는 그들은, 만나는 사람들에게 언제나 당혹감을 준다. 그들을 아무도 믿어 주지 않는다는 것으로 그들에 대한 평가를 엿볼 수 있다.

기회주의자는 사상의 원칙이 없으며, 만나는 사람들에게 언제나 당혹감을 준다.

# 의견의 속뜻을
# 알아차려라

다른 사람의 의견을 단순하게 받아들이는 편이 오히려 옳을 때가 있다. 의견이란 그 기초가 있든 없든 개인적인 표현이다.

논쟁점이란 반드시 어떤 무리에게는 긍정적이지만 또 다른 무리에게는 부정적인 것이다. 의견이란 선회하며 바뀌게 마련이다. 지금 다소 우스워 보이는 것도 나중에는 진지해 보일 수 있다.

자세히 분석해 보면, 조심성 없는 의견은 매우 허약한 논리의 틀을 가지고 있다. 그것은 어디까지나 추측에 의한 추론일 뿐이다.

그 의견이 무엇에 근거해 있는가를 아는 것이 중요하다.

---

상대방의 의견이 무엇에 근거해 있는가를 아는 것이 중요하다.

# 지혜로운 친구를
# 만들어라

참된 친구 한 사람의 통찰력은 여러 사람들의 많은 호의
보다 낫다. 그런 친구는 우연이 아니라 선택으로 얻어지는 것
이다.

성공의 집에는 많은 출입문이 있다. 지혜로운 자는 가장 쉬운
길을 선택할 줄 안다.

어려운 관문을 통과할 수 있는 재능을 가진 자와 벗이 되어야
한다. 당신의 약점을 그의 강인함으로 보완하는 것은, 당신이 가
지고 있는 재능에 그의 재능을 수혈하는 과정이다.

---

친구는 우연이 아니라 선택으로 얻어지는 것이다.

# 다른 사람을 존경할 때
# 자신도 존경받는다

흐릿한 견해는 당신을 다른 사람들로부터 고립시킨다. 하나의 관점만 고집하는 것은 다른 사람들로부터 외면당하기 쉽다. 사실을 받아들이고 의견을 검토한 후, 공정하게 결론을 내려야 한다.

타인의 의견을 받아들일 수 없다 하더라도 최소한 존중은 해야 한다. 다른 사람의 신조를 섣불리 정죄하는 것은 당신을 증오의 대상으로 만든다.

---

하나의 관점만 고집하는 것은 다른 사람들로부터 외면당하기 쉽다.

# 자신보다 훌륭한 사람과 경쟁하라

당신에게 그림자를 드리우는 자를 가까이하지 말라. 그런 자가 당신 곁에 있다면, 무모한 경쟁으로 서로의 위치가 위태롭게 될 것이다.

당신을 어둡게 하는 자는 멀리해야 한다. 왜 태양이 될 수 있는데 달이 되려고 하는가. 사람은 경쟁을 통해 발전하지만, 헛된 것을 좇고 있는 사람과 겨루는 것은 무모한 짓이다.

나보다 훌륭한 사람과 함께 출발하면 도착할 때쯤에는 나 자신이 그 사람보다 더 훌륭해져 있음을 발견하게 될 것이다.

---

사람은 경쟁을 통해 발전하기는 하지만, 헛된 것을 좇고 있는 사람과 겨루는 것은 무모한 짓이다.

# 상대방의 말에
# 귀를 기울여라

📖 상대방에게 좋은 인상을 주지 못하는 주된 이유는 상대방의 말을 주의 깊게 듣지 않는 것이다. 사람들은 무슨 말을 해야 상대방을 움직일 수 있을까 하는 것에만 너무나 신경을 쓰기 때문에 상대방의 말을 소홀히 듣게 되는 경우가 많은 것이다. 그러나 사람들은 말을 잘하는 상대보다는 잘 들어 주는 사람을 좋아한다.

사업을 성공적으로 이끄는 특별한 비결은 없다. 무엇보다도 당신에게 이야기하고 있는 사람에게 전적으로 주의를 기울이는 것이 가장 중요하다. 이것보다 더 효과적인 사업의 비결은 없다는 걸 명심하라.

---

사람들은 말을 잘하는 상대보다는 잘 들어 주는 사람을 좋아한다. 당신에게 이야기하고 있는 사람에게 전적으로 주의를 기울여라.

# 인정받고 싶은 것이
# 인간의 공통된 마음이다

인간이라면 누구나 주위 사람들로부터 능력을 인정받기를 원한다.

또한 자기가 중요한 존재라는 사실을 느끼고 싶어한다. 이처럼 주위 사람들로부터 '진심에서 우러나오는 인정과 아낌없는 칭찬'을 받고 싶은 것이 인간의 공통된 마음이다.

그러므로 인간관계에 있어서 가장 중요한 법칙 중 하나는 '상대방이 나에게 해주기를 원하는 것처럼 나도 상대방에게 베풀라'는 것이다. 이것은 상대방이 자신의 중요성을 느끼도록 만든다.

남에게 베푸는 마음이 습관화된다면 불필요한 많은 분쟁을 피할 수 있다. 또한 이 법칙을 제대로 실천한다면 친구는 늘어나고 행복은 저절로 찾아오게 마련이다.

---

상대방이 나에게 해주기를 원하는 것처럼 나도 상대방에게 베풀어라. 이 마음이 습관화된다면 불필요한 많은 분쟁을 피할 수 있다.

# 말하는 사람의
# 동기를 분석하라

판단은 증거와 사실을 바탕으로 행해야 하는 것이다. 유감스럽게도 많은 사람들은 그들이 본 것이 아니라, 들은 것으로 판단하려 한다. 그러나 듣는 것은 돌고 도는 뜬소문보다 나을 것이 없다.

확실한 증거는 사실을 낳는다. 사람들은 대개 사실과 거짓을 가리는 데 가끔 혼돈을 겪는다. 사실이란 것은 들릴 듯 말 듯한 걸음으로 천천히 오지만, 거짓은 빠르고 요란스럽게 오기 때문이다.

어떤 이야기의 참과 거짓을 구별하기 위해서는 이야기를 옮기는 사람의 동기를 잘 분석해야 한다.

---

사실이란 것은 들릴 듯 말 듯한 걸음으로 오지만, 거짓은 빠르고 요란스럽게 온다.

# 상대방의 마음을
# 읽어라

🎩 사람들의 마음을 헤아리는 방법을 알아야 한다. 타인의 지성이나 동기를 날카롭게 파헤치는 것도 중요한 기술이다. 그러나 이러한 행위 역시 공정한 시각이 선행되어야 한다.

학문을 배우고 익히는 것보다 훨씬 더 중요한 것이 사람에 대해 배우는 것이다. 당신이 어려운 학술용어나 온갖 예술적 상식을 겸비한 자라 하더라도, 인간의 사상이나 동기에 대해 무지하다면 불행을 자초할 수 있다.

중요한 것은 다른 사람이 말하는 것을 느끼고, 다른 사람이 느끼는 것을 표현할 수 있어야 한다.

---

다른 사람이 말하는 것을 느끼고, 다른 사람이 느끼는 것을 표현할 수 있어야 한다.

# 타인의 평가를 통해 자신의 가치를
# 가늠하지 말라

제삼자의 평가 속에 깃들어 있는 우리들의 존재는 대체로 실질적인 가치 이상으로 중요시된다. 냉정히 생각해 보면 그것은 결코 행복 자체와 근본적인 관련이 있는 것이 아니다. 그러므로 제삼자가 호의를 보이거나 조금이라도 자신의 허영심을 자극해 주면 누구나 곧 좋아서 어쩔 줄을 모르는데, 이는 이해하기 곤란할 정도로 무의미한 일이다.

인간도 칭찬을 듣거나 자기의 특기를 인정해 주면, 비록 그것이 한낱 사탕발림이라는 것이 빤히 들여다보여도 흐뭇한 얼굴을 한다.

또 지금 당장 어려운 입장에 놓여 있다 하더라도, 남들이 치켜세워 주기만 하면 그것으로 충분한 위안을 받는 자가 얼마든지 있다.

---

제삼자의 평가는 결코 행복 자체와 근본적인 관련이 있는 것이 아니다.

# 남의 기분을 맞추려고 애쓰지 말라

자신의 허영심이 손상되거나 모욕을 받는다든지 혹은 무시 당하거나 멸시를 받으면 불쾌감을 느낄 뿐 아니라 때로는 커다 란 고통을 느끼는 것이 보통이다.

인간의 명예욕이 제삼자를 기준으로 하고 있는 이상, 대부분 의 사람들은 남의 기분을 존중하여, 스스로의 언행을 조심하게 되므로 좋은 결과를 가져오기도 한다.

하지만 이런 작용은 자신의 행복을 촉진시키는 것이 아니라 도리어 교란하여 좋지 못한 영향을 미치게 한다.

---

상대방의 기분을 지나치게 존중하는 것은 자신의 행복을 촉진시키는 것이 아니 라 도리어 교란하여 좋지 못한 영향을 미치게 한다.

# 이유 없이
# 남을 모욕하지 말라

🎩 남을 모욕하는 사람은 사실상 그럴 만한 이유가 없는 것이 보통이다. 만약 상대방에 대하여 모욕을 할 만한 이유가 충분히 있다면, 이런 이유를 지적하는 데 그치고 그 판단은 듣는 사람들에게 맡겨야 할 텐데, 판단만 내리고 이유를 명시하지 않기 때문이다.

그러한 사람들은 남들이 이러한 전제를 편의상 생략하는 것으로 간주하리라 추측하여, 거기에 의지하고 있는 것이다.

---

상대방에 대하여 모욕을 할 만한 이유가 충분히 있다면, 이런 이유를 지적하는 데 그치고 그 판단은 듣는 사람들에게 맡겨야 한다.

# 질투는
# 행복의 적이다

살아 숨쉬는 인간이라면 누구에게나 질투심은 있다. 인간으로서 질투심을 느낀다는 것은 지극히 자연스러운 것이지만, 또한 부도덕할 뿐더러 불행도 겸한 것이다. 그러므로 우리는 질투를 행복의 적으로 알고 짓밟아 버리지 않으면 안 된다.

'자기의 소유에 만족하여 이를 즐기려면, 남들과 비교하지 말라. 자기보다 나은 자의 행복을 부러워하여 배를 앓는 사람은 절대로 행복할 수 없다.'

자기보다 나은 자가 얼마나 많은가 생각하지 말고, 자기보다 못한 자가 얼마나 많은가를 생각해 보라.

---

자기보다 나은 자가 얼마나 많은가 생각하지 말고, 자기보다 못한 자가 얼마나 많은가를 생각해 보라.

# 돈 잃고
# 친구 잃는다

누구나 상대를 너그럽게 대하면 버릇이 없어지는데, 이 점은 어른도 아이들과 마찬가지로 예외일 수 없다. 그러므로 상대에 대해서도 지나치게 관대하거나 다정해서는 안 된다.

돈을 꾸어 주지 않았기 때문에 친구를 잃은 예는 없지만, 돈을 꾸어 준 것이 화근이 되어 사이가 나빠지는 것은 가끔 일어나는 일이다.

존대하고 냉담한 태도를 취함으로써 친구를 잃은 예는 드물지만, 너무 친절을 베푸는 것은 상대방을 버릇없게 하고, 그것이 원인이 되어 헤어지는 수가 가끔 있다.

돈을 꾸어 주지 않았기 때문에 친구를 잃은 예는 없지만, 돈을 꾸어 준 것이 화근이 되어 사이가 나빠지는 것은 가끔 일어나는 일이다.

# 상대방을 읽을 줄 알아야
# 나를 들키지 않는다

남이 거짓말을 하거든, 그것을 정말로 믿는 듯한 태도를 취하라. 상대방은 신이 나서 한 술 더 뜨므로 스스로 그 껍질을 벗게 된다.

이와 반대로, 제삼자가 실수하여 비밀의 한 토막을 그대에게 비쳤을 때에는 회의적인 태도를 취해 보아라. 그렇게 하면 상대방은 이쪽의 빗나가는 태도에 유도되어 모든 비밀을 털어놓는다.

---

남이 거짓말을 하거든 정말로 믿는 듯한 태도를 취하라.

# 잘못했을 경우 먼저
## 사과하라

🎩 자신의 잘못이 인정된다면 상대방이 분노를 드러내기 전에 자신이 먼저 사과하도록 하라. 그러면 상대방은 분노를 누그러뜨리게 되고, 마땅히 화를 내야 할 상황일지라도 관대함과 너그러움을 보이며 당신의 실수를 용서하게 될 것이다. 또한 상대방이 당신을 비난하는 소리를 듣는 것보다 차라리 당신 스스로 비난하는 편이 마음을 편안하게 해줄 것이다.

잘못이 있을 경우 진심으로 그 잘못을 인정하라.

---

잘못이 있을 경우 진심으로 그 잘못을 먼저 인정하라. 상대방은 마땅히 화를 내야 할 상황일지라도 관대함과 너그러움을 보일 것이다.

# 상대방을
# 가르치려 들지 말라

🎩 사람들은 별다른 거부감 없이 자신의 생각을 바꾸는 경우가 가끔 있다. 그런데 누군가에게 잘못을 지적당하면 비록 그 지적이 옳은 것일지라도 화를 내며 자신의 생각을 고집하게 된다.

다른 사람이 자신의 신념을 변화시키려 들면 사람들은 무조건 거기에 반대하며 자신의 신념을 고수하려 드는 습성이 있다. 궁극적으로 사람들이 중요시하는 것은 신념 그 자체가 아니라 위기에 빠진 자신의 자존심인 것이다.

가르치려는 기색을 나타내지 않으면서 상대방에게 충고해 주고, 상대방이 모르는 것이라면 당신도 아는 내색을 하지 마라.

---

가르치려는 기색을 나타내지 않으면서 상대방에게 충고해 주고, 상대방이 모르는 것이라면 당신도 아는 내색을 하지 마라.

# 말에 대한 해석은
# 듣는 자의 몫이다

🎩 '장단을 치고 말하라.' 예로부터 내려오는 이 처세술의 가르침은 자기가 할 말만 하고 그 해석은 남에게 맡기라는 뜻이다.

많은 사람들은 이해력이 둔하므로, 그들이 해석을 내리는 것은 그 현장에서 떠난 뒤의 일이라고 생각해야 한다. 반대로 장단을 치며 말하는 것은 급속한 일시적인 효과는 있어도, 확실한 영구적인 효과를 거둘 수는 없다.

따라서 어떤 사람에게는 정중한 태도와 점잖은 말만 하면 비록 내용적으로 욕이나 잡소리가 되더라도 현장에서는 화를 내지 않는다.

---

정중한 태도와 점잖은 말은 비록 내용적으로 욕이나 잡소리가 되더라도 상대방이 그 자리에서 화를 내지 않게 한다.

# 남에게 일을 맡길 때는
# 사심을 버려라

남에게 일을 맡길 경우, 이기심과 허영심이 크게 작용하는 수가 많다.

자기 스스로가 검토하고 실행하는 것을 피하기 위해 남에게 맡기는 경우에는 태만이 작용하게 된다.

자기의 용건을 이야기하고 싶은 욕구에서 남에게 무엇을 의뢰하는 경우에는 이기심이 작용한다.

남에게 맡기는 일이 우리들이 약간 자부하고 있는 것의 일부라면 허영심이 작용하고 있는 것이다.

그러면서도 인간들은 이 위임에 대하여 상대방이 경의를 표하기를 요구하고 있다.

---

우리들이 남에게 일을 맡길 경우, 이기심과 허영심이 크게 작용하는 수가 많다.

# 면전에서 반박하거나
# 교정하려 들지 말라

👒 남의 의견에 대해 면전에서 반박하지 않는 것이 현명하다.

남이 믿고 있는 불합리성을 일일이 지적하고 설득하여 그만 두게 하려는 것은 괜한 일에 시간을 낭비하는 것에 지나지 않는다.

또 아무리 호의에서라도 대답할 때, 남을 교정하는 의미의 말은 일체 삼가는 것이 좋다.

남의 감정을 상하게 하기는 쉽지만, 남을 바로잡는다는 것은 거의 불가능하다. 때로는 무시하고 넘겨 버려야 한다. 그렇게 하면 즉각 효과를 볼 수 있다.

---

남의 감정을 상하게 하기는 쉽지만, 남을 바로잡는다는 것은 거의 불가능하다.

# 상대방을
# 면밀히 관찰하라

누구에게나 될 수 있는 대로 관대하게 대하여 분노나 원망을 품지 않도록 하라.

그러나 각자의 행위는 면밀히 관찰하여 기억에 남겨 두어야 한다.

그리하여 그들의 가치, 적어도 우리에게 관계되는 점에 대하여 그 가치를 옳게 헤아린 후에 인간의 성격은 일정하고 불변한 것이라는 신념으로, 그들의 진가에 해당되는 태도와 행동을 취해야 한다.

모처럼 상대방의 흉악한 성격을 파악하고도 곧 잊어버린다면 애써 모은 돈을 창 밖으로 내던지는 것과 같다.

---

모처럼 상대방의 흉악한 성격을 파악하고도 곧 잊어버린다면 애써 모은 돈을 창 밖으로 내던지는 것과 같다. 상대의 행위를 면밀히 관찰하여 기억에 남겨 두어야 한다.

# 부드러운 태도로
# 대하라

상대방으로부터 험한 욕설을 들은 사람은 절대로 상대방의 요구대로 움직여 주지 않는다. 상대방이 강압적으로 나온다면 이쪽에서도 우격다짐으로 대하게 되는 것이다.

그러나 잘 해결해 보자는 부드러운 태도를 보여 준다면 이야기는 달라진다. 서로의 견해 차이는 인내심과 솔직함을 전제로 한 선의로써 충분히 해결할 수 있다.

상대방을 자신의 의견에 따르도록 만들기 위해서는 우선 우호적인 자세로 자신이 그 사람과 같은 생각을 가지고 있다는 것을 인식시켜 주어라. 이것은 사람의 마음을 잡는 한 방울의 꿀이며, 상대방의 이성에 호소하는 최선의 방법이다.

---

서로의 견해 차이는 인내심과 솔직함으로써 충분히 해결할 수 있다. 험한 욕설이나 우격다짐은 상대를 더욱 그러하게 만든다.

# 공통의 화제로 긍정을
# 이끌어 내라

자신의 뜻을 밝히고 이해시키기 위해서는 처음부터 서로 의견이 상반되는 문제를 화제로 삼아서는 안 된다. 서로의 의견이 일치되는 문제부터 이야기하기 시작해서 진행시켜 나가야 한다. 서로가 같은 목적을 위해 노력하고 있다는 것을 상대방이 알 수 있도록 해야 하기 때문이다.

처음에는 상대방이 '네'라고 긍정적인 말을 할 수 있는 문제만을 골라서 이야기하는 것이 중요하다. 따라서 가능한 한 '아니오'라는 부정의 말이 나오지 않도록 한다. 상대방이 일단 '아니오'라고 부정하게 되면 그 말을 다시 번복시키기가 힘들어진다. 그것은 자존심이 허락하지 않기 때문이다. 끝까지 그것을 고집하게 되므로 처음부터 '네'라는 말이 나올 수 있도록 화제를 유도해 나가는 기술이 필요하다.

---

처음에는 상대방이 '네'라고 말할 수 있는 문제를 이야기하라. 상대방이 일단 '아니오'라고 부정하게 되면 다시 번복시키기가 힘들어진다.

# 상대방이 좋은 사람이라고
# 믿고 대하라

상대방에 대한 정보가 부족한 경우 무조건 그를 훌륭한 사람으로 생각하고 대하라. 그들이 성실하고 정직하며 진실하다고 믿는다면 그들 또한 당신을 그에 걸맞게 대접하게 될 것이다.

사람은 누구나 정직하게 자신의 의무를 다하기를 원한다. 비록 속이려는 마음을 가지고 있다 하더라도, 진심으로 신뢰받고 공정한 인물로 인정받으면 결코 나쁜 짓은 할 수가 없는 법이다. 다른 사람이 당신의 생각을 따르게 만들려면, 그를 훌륭한 인격자라고 믿고 고결한 동기에 호소하라.

---

상대방에 대한 정보가 부족한 경우 무조건 그를 훌륭한 사람으로 생각하고 대하라. 그 또한 당신을 그에 걸맞게 대접하게 된다.

# 재능 없는 사람은
# 없다

우리가 살아가는 세계와 사람들은 끊임없이 변한다. 우리의 변화는 단호하고 전진적인 것이어야 한다.

사람들은 대개 의타적인 경향이 강하므로, 자립심이 있는 사람을 선택하여 함께 나아가야 한다.

수많은 나무들이 있다. 그중에는 열매를 맺는 나무가 있는가 하면, 열매가 없는 나무도 있다. 그러나 열매가 없는 나무도 땔감이나 목재로 쓰이는 법이다.

특정 부문에 재능이 없다고, 그 사람을 모든 것에 불필요한 존재로 치부해서는 안 된다.

---

특정 부문에 재능이 없다고, 그 사람을 모든 것에 불필요한 존재로 치부해서는 안된다.

# 돈만으로 상대방의 협력을
# 얻을 수는 없다

능력이 탁월한 사람을 돈으로 묶으려 드는 건 어리석은 짓이다. 급료를 많이 준다고 해서 인재가 확보되는 것은 아닌 것이다.

그보다는 자기만족을 얻을 수 있는 여건을 만들어 주어야 한다. 이 방법은 성공한 많은 사람들이 증명해 주고 있다. 자기를 표현하고, 자기 가치를 증명하며, 자기가 승리할 수 있는 기회를 갖게 하는 것이다. 이것이 모든 어려움을 이기게 만든다. 최고가 되겠다는 욕구를 통해 자신의 중요성을 확인받는 것이다.

---

자기만족을 얻을 수 있는 여건을 만들어 주어라. 자기 가치를 증명하며, 승리할 수 있는 기회를 갖게 하는 것은 모든 어려움을 이기게 만든다.

# 사람은 기대를 거는 만큼 최선을 다하게 된다

🎩 사람들은 자신이 바보라든가, 무능하다든지 둔하다는 등의 욕을 얻어먹게 되면 자신의 발전성을 송두리째 잘라 버리는 잘못을 저지르게 된다.

그 반대로 기대를 걸고 있음을 알게 하고, 무슨 일이라도 능히 할 수 있다는 확신을 심어 준다면 결과는 어떻게 될까?

비록 그렇지 못하다 할지라도 상대방이 이미 훌륭한 장점을 가지고 있는 것처럼 대접한다면, 그 사람은 당신의 기대에 어긋나지 않도록 최선을 다할 것이다.

상대방의 능력을 이쪽에서 믿고 있음을 알게 하고 격려하라.

---

상대방이 훌륭한 장점을 가지고 있는 것처럼 대접한다면, 그 사람은 당신의 기대에 어긋나지 않도록 최선을 다할 것이다.

What do you have and not have in order to succeed

2

# 성공을 위해
# 무엇을 버리고
# 무엇을 얻을
# 것인가

# 무엇을 버리고
# 무엇을 얻을 것인가

🦌 편견 없는 진실된 시각으로 인생을 받아들여라. 그러기 위해서 그대 스스로 가장 작은 철학자가 되어도 좋다.

자기 철학이 없는 사람은 곧 항해하는 인생의 목적이 없는 사람이다. 철학은 끊임없이 질문하고 생각하게 하는 과학이며, 세상을 살아가는 데 필요한 지혜의 기초가 되는 것이다.

무엇이 옳고 무엇이 그른가, 무엇을 취해야 하고 무엇을 버려야 하는가를 발견하는 것, 그것이 곧 철학이며 철학하는 자이다.

---

편견 없는 진실된 시각으로 인생을 받아들여라.

# 비난받지 않으려면
# 비난하지 말라

다른 사람의 결점을 교정해 주거나 충고해 주려는 마음씨는 분명히 칭찬받을 만하다. 그러나 상대방에게 충고하기 전에 먼저 자신의 결점을 되돌아보는 마음가짐을 가져야 한다.

어떤 면에서는 그것이 오히려 이기적인 생각이 될 수도 있겠지만, 함부로 다른 사람의 결점을 꼬집기보다는 자기 자신의 결점을 고치려는 시도가 훨씬 더 유익하며 건전한 방법인 것이다.

상대방을 비난하는 행위는 다이너마이트를 짊어지고 자존심이라는 불길 속으로 뛰어드는 것처럼 어리석은 행동에 지나지 않는 것을 명심하라.

---

함부로 다른 사람의 결점을 꼬집기보다는 자기 자신의 결점을 고치려는 시도가 훨씬 더 유익하다.

# 논쟁에서
## 이기려고 하지 말라

🐎 논쟁에서 승자는 있을 수 없다. 논쟁에서 졌을 경우는 물론이고, 이겼다 해도 진 거나 마찬가지이기 때문이다.

예를 들어, 논쟁을 벌이던 중 상대방의 주장이 옳지 않다는 걸 당신이 논리적으로 완벽하게 증명했다고 가정해 보자. 그 결과는 어떻게 되겠는가? 승리한 당신은 잠시 동안 유쾌한 기분을 맛볼지 모른다. 하지만 논쟁에서 진 상대방은 어떨까? 당신에게 자존심이 상한 그는 열등의식을 갖게 되고, 속으로 당신을 저주하게 될 것이다.

어쩌면 당신은 '어쨌든 논쟁을 통해서 상대방은 자신의 잘못된 생각이 무엇인지 깨닫게 될 것이 아닌가' 하고 생각할지도 모른다. 하지만 천만의 말씀이다.

패자의 생각은 궁극적으로 조금도 변하지 않는다. 상대방의 논리에 일시적으로 진 것일 뿐, 마음속으로 그는 여전히 자신이 옳다고 믿고 있기 때문이다.

---

논쟁에서 승자는 있을 수 없다. 논쟁에서 졌을 경우는 물론이고, 이겼다 해도 상대방은 속으로 여전히 자신이 옳다고 믿기 때문이다.

# 진리를 지키는 것은
# 말하는 것보다 어렵다

사람들의 입을 통해서 들을 수 있는 많은 이야기들 가운데는 듣지 않는 편이 더 좋은 것도 있다. 그것은 알려지지 않은 진리의 일부를 지켜 주는 아주 신중한 일일 수 있기 때문이다.

진리라는 것은 자주 왜곡되어 우리들 마음에 심한 상처를 남긴다. 그러나 진리를 감추는 것은 그것을 과장하는 것만큼이나 힘들다. 최고의 진리도 어느 순간에는 절반의 진리로 변할 수 있는 것이다. 자신의 진리를 변질시킬, 눈에 보이지 않는 위선을 피하기 위해서는 스스로 신중하지 않으면 안 된다.

---

진리를 변질시킬, 눈에 보이지 않는 위선을 피하기 위해서는 스스로 신중하지 않으면 안 된다.

# 지나침이
# 없어야 한다

🦄 고대의 한 철학자는 모든 지혜가 중용에 있다는 말을 남겼다.

아무리 아름다운 음악도 그것이 지나치면 소음으로 들리고, 어떠한 경우라도 지나친 탐닉은 종종 권태로 다가온다. 한때 짜릿했던 흥분도 그것이 너무 오래 계속되면 소음과 피로로 끝이 나게 된다.

무엇에나 지나치게 오랫동안 정신력을 소모한 사람은 그 자신이 스스로 자신 속에 갇히고 마는 것이다.

오늘을 알맞게 즐기고 내일에 희망을 거는 것, 그것은 언제나 미래에 대한 기대를 하게 한다.

---

무엇에나 지나치게 오랫동안 정신력을 소모한 사람은 그 자신이 스스로 자신 속에 갇히고 만다.

# 확고한 신념이 없을 때는
# 침묵하라

진리라는 것은 언제나 어렵고 골치 아픈 주제다. 진리를 발견했을 때 공정하게 이야기하거나 침묵을 선택하는 데는 기술, 영리함, 용기 그리고 신념과 같은 것들이 필요하다.

이미 알려진 진리는 한 사람의 인생을 바꾸어 놓기도 하고, 사건의 흐름을 뒤집어 놓기도 한다.

진리는 너무 자주 착각을 파괴하기도 하는데, 신맛 나는 것을 아주 달콤한 것으로 바꾸는 촉매제 역할도 한다.

진리를 말할 때는 오로지 최고의 자기 확신에 따라, 천천히 그리고 자신 있게 말해야 한다. 그리고 그 말은 언제나 최고를 지향해야 한다. 현명한 사람에겐 힌트나 지나가는 말로도 충분히 진리가 전달되지만, 그렇지 않은 사람에게는 침묵만이 그 어리석음을 달랠 수 있다.

확고한 신념이 없을 때에는 조심스럽게 말하든가, 그렇지 않으면 아무것도 말하지 말아야 한다.

---

진리를 말할 때는 오로지 최고의 자기 확신에 따라, 천천히 그리고 자신 있게 말해야 한다.

# 성공에 대한 확신을
# 가져라

🐎 자신만의 고유한 성품을 가져라. 그렇지 않으면 파괴의 길로 들어서기 쉽다.

타인의 어떠한 행동이 좋아 보이더라도 섣불리 탐하지 말라. 확신 없는 판단은 언제나 불행의 씨앗이기 십상이다. 부도덕하거나 무분별할 때, 신중함은 사라지게 되고 결국 파멸의 위기에 처하게 되는 것이다.

그대들이 신중함을 버리고 단순한 쾌락만을 추구한다면, 그대들의 얄팍한 즐거움 때문에 건전함을 희생시키는 것이다.

인생의 험하디험한 길 위에서 무엇보다도 먼저 알아야 할 것은 어떤 순간이든, 출발하기 전에 성공에 대한 자기 확신을 가져야 한다는 것이다.

---

확신 없는 판단은 언제나 불행의 씨앗이기 십상이다.

# 성공은
# 의지에 달려 있다

🦌 눈앞에 닥쳐온 사건이 아무리 크게 보여도 그 자체는 결코 절대적인 것이 아니다. 그것으로 인해 우리 인생이 어떻게 달라지는가는 각 개인의 자질이나 성격에 따라 달라진다. 이렇게 보면 고난은 성공으로 가는 디딤돌이라고 해도 틀린 말이 아니다.

삶이라는 긴 터널에서 당신을 배반하지 않는 소중한 가치는 오직 인내와 노력뿐이다.

인생의 모든 것은 본인의 의지에 달려 있다.

---

눈앞에 닥쳐온 사건이 아무리 크게 보여도 그 자체는 결코 절대적인 것이 아니다. 인생의 모든 것은 본인의 의지에 달려 있다.

# 구원의 손길을
# 기다리지 말라

🦌 만일 당신이 곤경에 처해 있다면 그 원인이 무엇인지 찾아내고 분석하는 과정이 필요하다. 그 다음에 앞날에 대한 대책을 강구해야 한다. 비록 일시적인 희생이나 고통이 따르는 일일지라도 원인을 제거하는 일이라면 즉시 시작하라. 어떠한 위기든 자포자기하거나 낙담하면 상황을 더욱 악화시킨다.

성공하는 사람은 어려운 환경 속에서도 다른 사람이 자신을 구해 주기를 기다리지 않는다. 그들은 성공에 대한 계획을 세우고 그 계획대로 실천한다. 자신을 한 단계 높은 수준으로 끌어올릴 수 있는 사람은 오로지 자기 자신뿐이라는 것을 기억하라.

성공하는 사람은 어려운 환경 속에서도 다른 사람의 구원을 기다리지 않는다. 자신을 한 단계 높은 수준으로 끌어올릴 수 있는 사람은 오로지 자기 자신뿐이다.

# 자신을 비춰 보는
# 거울을 가져라

다른 사람에 대한 것은 모두 아는데도 정작 자신에 대해서는 아무것도 모르는 이들이 있다. 보다 나은 인생을 살기 위해서는 먼저 자기 자신을 잘 알아야 한다. 자기를 비평하는 데 익숙한 사람만이 자신을 발전시킬 수 있다.

생각이 깊은 사람은 스스로 묻곤 한다.

"나는 지금 어디에 있는가?"

"나는 지금 어디로 가고 있는가?"

그렇게 자신의 마음을 다스린다.

일정하게 지난 시간과 지금 모습을 비판하면서 성취도와 지성의 강도와 정신력 등을 살펴보는 것이 바람직하다. 그렇게 함으로써 당신은 온전한 시각으로 자신의 인격을 엿볼 수 있고, 눈앞에 놓인 인생의 긴 여로를 위해 충분히 준비할 수 있는 것이다.

---

일정하게 지난 시간과 지금 모습을 비판하면서 성취도와 지성의 강도와 정신력 등을 살펴보는 것이 바람직하다.

# 최고의 승자는 이기고 있을 때
# 경기장을 떠난다

당신이 자신의 운명과 행운을 만났을 때도, 거기에서 멈출 줄 알아야 한다. 합리적인 후퇴는 용감한 공격으로 받아들일 수 있다.

주머니가 비어 있을 때는 그 인생이 더욱 길게 느껴지는 법이다. 주머니가 가득 찼을 때, 당신의 승리를, 당신의 행운을 비축해 두어야 한다.

영원히 달콤한 것은 어디에도 없다. 달콤한 것도 쓴맛이 숨어 있다는 사실을 잊어서는 안 된다.

어렵게 다가온 행운을 방해하는 것들이 생겨날 때, 바로 그때가 최고의 행운의 순간이다.

---

어렵게 다가온 행운을 방해하는 것들이 생겨날 때, 바로 그때가 최고의 행운의 순간이다.

# 행복의 크기는 물질과
# 반비례할 수도 있다

🦌 가치 없는 일과 활동들이 진정 소중한 일에 필요한 시간과 정력을 빼앗아 버리고, 육체와 정신의 생명력을 말살하고 급기야는 일에 대한 성취감마저 박탈할 수 있다는 것을 깨달아야 한다.

당신의 삶을 자신이 원하는 대로 엮어 나가라. 진정한 행복이란 눈에 보이지 않는 것으로부터 찾아지는 것이다. 물질이 사람을 행복하게 해주는 것은 어느 한 순간뿐이다. 기억하라, 행복의 크기는 집이나 자동차의 크기와는 반비례할 수도 있다는 것을.

---

당신의 삶을 자신이 원하는 대로 엮어 나가라. 진정한 행복이란 눈에 보이지 않는 것으로부터 찾아지는 것이다.

# 속 빈 강정이
# 되지 말라

🦌 적절한 감정 표현은 언제나 매력적이다. 좋은 생각도 서툰 표현 때문에 나쁜 결과를 초래할 수가 있다.

좀 더 매끈하게 말하지 못함으로써 훌륭한 생각이 전달되기도 전에 듣는 이를 질식시켜 버리는 사람들이 있다. 이와는 대조적으로 교회당의 종처럼 메아리만 컸지 속이 빈 사람들도 있다.

위대한 사람들은 잘 생각하고, 잘 말한다. 위대하다고 일컬어지는 사람들은 대개 의지와 결단력, 결정적인 사고력을 가지고 있었다.

그러나 속이 빈 채로 떠드는 허깨비와 같은 인간들은 그 순간에 화려해 보이지만, 역사와 관중은 결국 그들을 외면하고 만다.

---

현명한 사람들은 대개 의지와 결단력, 결정적인 사고력을 가지고 있다.

# 지나치게 형식을
# 차리지 말라

🦄 모든 행동은 자연스러운 것이 가장 좋다.

형식을 차리는 왕족이나 한때 의식주의로 유명했던 이들도 서서히 그 깊은 잠에서 깨어나고 있다.

의식을 행하고 형식을 존중하는 자는 권태와 구태의연함을 동반하게 된다. 그들은 신중한 사람들을 막고 자기 스타일만을 고집한다. 그것은 위선자들이나 가지고 있는 바보의 얼굴이다.

자중심은 참으로 좋은 성품이다. 그러나 형식을 좋아하는 자들은 위선적인 성품만을 가지고 있다. 그들에게서는 자중심이란 찾아볼 수가 없다. 그들은 품위가 없는 가면극의 주인공들이다.

그들은 그 작은 세상에서 벗어나지 못한 채 영원히 살아갈 것이다.

---

형식을 좋아하는 자들은 위선적인 성품만을 가지고 있다.

# 속는 자가
# 항상 어리석은 것은 아니다

🦌 정직해라. 교활하여 두려움의 대상이 되는 것보다는 정직하여 존경받는 것이 훨씬 좋다. 정직함이란 위선이 아니라 신중한 사람들의 표식이다. 그러한 곧은 성품은 어리석은 단순함에서 비롯된 것이 아니다.

위선자들이 약삭빠른 데 비해 총명한 자들은 교활하지 않고 정의롭다. 정직하지 못한 사기꾼보다는 가끔 속더라도 정직한 편이 훨씬 낫다. 비록 당신의 인생길이 바르다고 하더라도 교활함과 무정함이 배어 있다면 그것은 결코 바르지 않은 것이다.

만약 너무 거세게 당신의 주장만을 고집할 때는 당신이 가진 오점이 드러나, 한순간에 존경과 신뢰를 잃게 될 것이다.

다른 사람과는 중용을 택하고 자신에게는 원숙함을 추구할 때, 가장 멋진 성공을 만나게 될 것이다.

---

교활하여 두려움의 대상이 되는 것보다는 정직하여 존경받는 것이 훨씬 좋다.

# 과거와
# 맞부딪쳐라

🦌 똑같은 실수를 반복해서 저지르는 것처럼 어리석은 일은 없다. 이것은 과거의 감정에서 완전히 벗어나지 못하여 자신도 모르게 비슷한 방식으로 일을 처리하기 때문이다.

과거의 실패와 비극의 망령이나 그것으로 인한 두려움은 빨리 떨쳐 버려야 한다. 비싼 대가를 치르고 얻은 교훈은 간직하되 남의 시선이나 자괴감으로 인한 심리적 위축에서는 과감하게 벗어나야 한다. 비록 과거의 실패로 인한 상처가 아무리 크다고 해도 언제든지 다시 회복할 수 있다는 강한 자신감을 가져야 한다는 것이다.

마음에 내재되어 있던 창조적인 능력과 용기를 부추기고 강인한 의지를 폭발시킴으로써 과거와 맞부딪쳐라. 자신에게 주어진 조건의 어려움을 이기고 원하는 방향으로 갈 수 있는 힘이 생길 것이다.

---

실패로 인한 상처가 아무리 크다고 해도 언제든지 다시 회복할 수 있다는 강한 자신감을 가져라. 어려움을 이겨낼 수 있는 힘이 생긴다.

# 성공은 노력과 창의력에
# 달려 있다

사람의 성공 여부는 선천적으로 타고난 재능보다는 포기하지 않고 끝까지 일을 추진해 나가는 노력에 의하여 결정된다. 그러나 거기에는 새로운 것을 창출하려는 지성의 번뜩임과 집중력이 있어야 한다. 무작정 노력만 한다고 원하는 목표를 이룰 수 있는 것이 아니다.

이른바 자신의 뜻을 이룬 사람들은 근면한 태도로 최선의 노력을 다했을 뿐만 아니라, 하나같이 자신의 일에 미친 정열가들이었다. 불타는 정열과 집중력이 없는 사람이 성공하기란 쉬운 것이 아니다.

---

성공은 포기하지 않고 끝까지 일을 추진해 나가는 노력에 의하여 결정된다. 불타는 정열과 집중력이 없는 사람이 성공하기란 쉬운 것이 아니다.

# 한 점의 구름으로도
# 태양을 가릴 수 있다

🦌 농담을 주고받는 데도 그에 어울리는 기술이 필요하다. 잠깐 실수로 어려움을 자초해서 웃음거리가 되거나 다른 사람을 화나게 해서는 안 된다.

쓴 말도 달게 듣고, 달콤한 말도 신중하게 들을 수 있는 여유와 그만한 수용의 폭이 있어야 한다. 어설픈 말과 행동으로 다른 사람을 당혹하게 하는 것은 좋지 않다.

농담은 농담으로, 신사처럼 깨끗하게 받아들일 줄 알아야 한다. 불평하는 내색 없이 잔잔한 웃음으로 받아들인다면 당신은 더욱더 큰 사람으로 비추어질 것이다.

생각 없이 내뱉은 가벼운 말 한마디는 여러 사람에게 예상치 못한 해를 끼칠 수 있다. 만약 당신이 어떠한 농담도 선선히 받아들일 수 없다면, 그 기술과 감각을 갖추기 전에는 농담을 하지 말아라.

---

생각 없이 내뱉은 가벼운 말 한마디는 여러 사람에게 예상치 못한 해를 끼칠 수 있다.

# 분별력은
# 마음을 조종하는 데 있다

당신이 지니고 있는 선천적인 환상이나 공상의 고삐를 붙잡지 말아라. 맘껏 내달리는 상상력을 지배하는 것은 자기 수련의 중요한 한 과정이다.

상상력은 때때로 우리들 인생에서 엉뚱하고 위험한 영향을 주기도 한다. 그렇기 때문에 우리는 자신을 절제하고, 때론 폭군처럼 스스로를 압제해야 한다.

상상력은 자신이 창조해 낸 사고를 만족시키느냐, 그렇지 못하느냐에 따라 기쁨이 될 수도 있고, 슬픔이 될 수도 있다.

우리 마음속에 만들어진 잔상은 꿈과 욕망에 의해 어떤 이에게는 영감을 주기도 하지만, 어떤 이에게는 타성만을 주기도 한다.

---

상상력은 자신이 창조해 낸 사고를 만족시키느냐, 그렇지 못하느냐에 따라 기쁨이 될 수도 있고, 슬픔이 될 수도 있다.

# 자기를 극복하는 것이
# 최상의 황금률이다

🐎 마음을 컨트롤하기 위해서는 솟아오르는 열정을 잘 조절해야 한다. 충동을 제어하고, 자신의 운명에 순응할 줄 알아야 한다. 가장 위대한 승리는 자신에 대한 승리이다.

우리들 마음의 집에 충동이 몰려오면 이성은 어느새 달아나 버리고 없다.

논리적이지 못한 공격을 일으키는 잠재적인 열정을 최소화함으로써 당신에게 닥친 슬픔을 극소화해야 한다.

---

마음을 컨트롤하기 위해서는 솟아오르는 열정을 잘 조절해야 한다.

# 자신을
# 바로 세워라

🦄 현자는 실용적인 것과 원칙적인 것과 철학적인 것에 관하여 배우기를 게을리 하지 않았다. 사람이나 사물에 대한 올바른 판단을 할 수 있는 것이 곧 지혜의 핵심이다.

모든 이치의 선과 악을 분석하고 분류하는 방법을 터득하는 것도 자신을 바로 세우는 좋은 방법 가운데 하나이다.

항상 승리하는 후보를 가졌던 정치가를 주목하라. 그는 가장 강한 지각력을 가진, 살아 있는 증거이다.

---

사람이나 사물에 대한 올바른 판단을 할 수 있는 것이 곧 지혜의 핵심이다.

# 행동하지 않는 사람만이
# 변명한다

자신감이 없는 일에 대한 두려움이나 열등의식, 또는 자신의 무능력함에 대한 한탄은 행동하지 않는 자들의 변명에 불과하다. 모든 실패에는 분명 원인이 있게 마련인데, 원인을 분석하고 개선하려는 노력은 하지 않고 변명으로 일관하는 태도는 그 실패를 되풀이하도록 만든다.

자신에게 솔직해야 위기를 극복할 수 있는 힘을 가지게 된다. 마음 한구석으로는 인정하고 있으면서도 앞으로의 진로나 행동에 반영하지 않는다면 아무런 소용이 없다. 그 결과에 대한 원인을 솔직한 자세로 파악하고 구체적으로 대책을 세워야만, 실패한 가운데 또 다른 성공을 이룰 수 있는 것이다.

---

실패에 대한 원인을 솔직한 자세로 파악하고 구체적으로 대책을 세워라. 실패한 가운데 또 다른 성공을 이룰 수 있다.

# 머리 하나에
# 두 개의 모자를 쓸 수 없다

🐎 지나치지 않은 범위 내에서는 인간다운 모습을 유지해야 한다.

순간적으로 저지른 지혜롭지 못한 행동이 당신이 지금까지 쌓아 올린 존경을 앗아간다. 어떤 순간에도 품위 있는 행동을 하라. 경솔함과 명성은 물과 기름과 같아서, 절대로 섞이는 법이 없다.

머리 하나에 두 개의 모자를 쓸 수 없듯이, 어느 누구도 지각이 없으면서 동시에 진지할 수는 없다.

오랜 인생을 살고도 아무것도 배우지 못했다면 그 이상의 바보는 세상에 없을 것이다.

---

순간적으로 저지른 지혜롭지 못한 행동이 당신이 지금까지 쌓아 올린 존경을 앗아 간다.

# 지혜로운 자는 실수를
# 되풀이하지 않는다

🦌 지혜로운 자의 솔직함과 어리석은 자의 경신(輕信)을 혼동해서는 안 된다.

솔직하고 정직한 사람들은 잘 속게 마련이다. 그러나 그런 사람은 실수를 되풀이하지는 않는다.

자기 방어를 잘하는 사람, 정력적인 사람들은 자신의 빈틈없는 성격을 이용해서 위기에 빠지는 것을 미리 분석하고 방어한다.

사리 분별을 아는 합리적인 사람이 되도록 노력하되, 순진하다고 여겨질 정도로 마냥 유순한 사람이 되어서는 곤란하다.

---

솔직하고 정직한 사람들은 잘 속게 마련이다. 그러나 그런 사람은 실수를 되풀이하지는 않는다.

# 문제로부터
# 도망치려 하지 말라

🦄 아무리 어려운 문제가 앞을 가로막고 있더라도 그 문제로부터 도망치려고 하지 말라. 만약 상황이 어렵다고 해서 회피하려고만 한다면 그 문제는 언제까지나 해결되지 않은 상태로 남을 뿐만 아니라, 점점 눈덩이처럼 커져서 자기의 마음을 괴롭히게 된다.

남의 도움을 받아가며 손쉽게 해결하는 숙제는 결코 큰 발전을 이룰 수 없다. 결국 인생의 숙제를 자발적으로 해결하겠다는 의지만이 그 사람의 재능을 키우는 지름길이 되는 것이다. '좋아, 해보자' 하는 각오로 어떻게든 해보려고 안간힘을 쓰면, 지금까지는 모르고 있었던 어떤 힘이 솟아나는 것이다.

인간은 누구나 자신도 알지 못하는 무한한 힘을 가지고 있다. 그러므로 어떤 어려움에 부딪치더라도 그것을 해결하는 힘은 이미 내 안에 있다는 강한 신념을 가지고 정면으로 승부하라.

---

어려운 문제가 앞을 가로막고 있더라도 그 문제로부터 도망치려고 하지 말라. 인생의 숙제를 자발적으로 해결하겠다는 의지만이 그 사람의 재능을 키우는 지름길이다.

# 실패를 새로운 자본으로 만들어라

🦌 실패 속에서도 이득을 찾을 수 있다면, 당신 앞에 일어난 일을 최선의 것으로 만들 수 있는 가능성이 있다. 경험처럼 소중한 재산은 없다. 과거의 경험을 되살려서 지금 발생하고 있는 문제에 잘 적용하면 당신의 성공은 보장된다. 성공한 사람은 경험을 통해서 얻은 재능과 지식을 최대한으로 이용할 줄 아는 사람이다.

만약 지금 실패했다면 이렇게 자문하라. '지금의 이 실패를 어떻게 새로운 자본으로 만들 수 없을까?'

신이 인간에게 기억력을 준 것은 자신의 과오에서 이득을 취하도록 하기 위함이다.

---

성공한 사람은 경험을 통해서 얻은 재능과 지식을 최대한으로 이용할 줄 아는 사람이다. 과거의 경험을 되살려서 현재의 문제에 적용하라.

# 실패 속에 있는
# 성공의 요소를 찾아라

🦌 실패는 의식 속에 자라고 있는 잡초와도 같다. 무시하려고 애를 쓰고 실패를 생각하지 않으려고 노력하면 할수록 그것은 열등감과 두려움, 그리고 공포의 형상으로 더욱 집요하게 고개를 쳐든다. 따라서 한 번의 실패는 또 다른 실패를 가져온다는 생각에서 완전히 벗어나지 않는 한 더욱더 많은 실패를 겪어야만 한다.

어떤 일에 실패했다고 느낄지라도 절망감이나 좌절감까지 느낄 필요는 없다. 모든 실패 속에는 성공의 요소가 필연적으로 들어 있기 때문이다.

비록 지금은 실패했더라도 자신을 냉철하게 평가함과 동시에 과거의 노력을 객관적으로 분석 평가한다면, 성공하지 못한 이유를 찾아낼 수 있을 것이다.

---

한 번의 실패는 또 다른 실패를 가져온다는 생각에서 완전히 벗어나지 않는 한 더욱더 많은 실패를 겪어야만 한다. 냉철하게 자신을 평가하고 분석하라.

# 자신의 말에
# 애착을 가지지 말라

🦌 당신 자신의 말에 애착을 갖지 말라. 그렇지 않으면 당신은 듣는 자가 되는 기회를 놓치게 된다.

자신의 말만으로 자족하는 자는 청중을 분개하게 만든다. 어떤 성숙한 자가 말하는 동시에 자신을 살필 수가 있겠는가?

현명한 사람은 개성에 소금을 침으로써 사교성을 증진시킨다. 당신도 자신에 대하여 그렇게 맛을 내라. 한 가지 주제에 대하여 마구 이야기하는 수다쟁이는 그 말의 맛을 떨어뜨릴 수밖에 없다.

당신이 아무리 훌륭한 인격을 갖추었다 하더라도, 다른 사람이 당신을 멀리한다면 인생의 깊은 맛은 떨어질 것이다.

---

당신이 아무리 훌륭한 인격을 갖추었다 하더라도, 다른 사람이 당신을 멀리한다면 인생의 깊은 맛은 떨어질 것이다.

# 지식을 지나치게
# 내세우지 말라

🦌 무식한 체하는 것도 그 값을 치러야 한다. 이것은 소크라테스식 아이러니다.

침묵하는 자의 역할이 모든 사람의 가장 지혜로운 역할을 대변할 때가 있다.

이 세상에 다양하게 얽혀 있는 인격들이 조화롭게 살기 위해서는 이기적이어서는 안 된다. 또한 지나치게 잘난 체하여, 시기를 받거나 견제 당하는 일도 없어야 한다.

다른 사람과 화합하기를 바란다면 자신의 지식을 지나치게 내세우지 말아야 한다.

---

다른 사람과 화합하기를 바란다면 자신의 지식을 지나치게 내세우지 말아야 한다.

# 삶의 주인공이
## 되어라

당신은 무슨 일이든 해낼 수 있다. 그러니까 '나는 할 수 없을지도 모른다'는 소극적인 생각으로부터 탈피하라. '그럼에도 불구하고 나는 한다'는 적극적인 사고방식을 가져야 한다. '그럼에도 불구하고'라는 진취적인 사고방식은 자신의 목표를 현실화시키는 데 있어서 필수적인 조건이다. 길은 스스로 찾는 사람에게 열리는 법이다.

무슨 일이든 자기에게 주어진 일은 '더욱 잘 하고, 더욱 정확하게 하고, 더욱 쉽게 한다'는 생각으로 삶을 사랑한다면 당신은 생활의 지배자가 될 수 있을 것이다. 삶에 끌려 다녀서는 안 된다. 삶을 지배해야만 한다. 당신의 삶의 주인공이 되라.

---

길은 스스로 찾는 사람에게 열리는 법이다. 삶에 끌려 다녀서는 안 된다. 삶을 지배해야만 한다. 당신의 삶의 주인공이 되라.

# 모범이 될 만한 사람을 찾아 관찰하라

🦌 실패 없이 보다 빨리 성장하고 싶다면 미래의 자기 모습을 보여주는 모델을 찾아 관찰하라. 그 사람이 투자한 많은 시간, 수없이 많은 시행착오 속에서 찾아낸 합리적인 기법을 터득할 수 있게 된다. 그 사람이 투자한 노력에 비하면 한결 짧은 시간 안에 당신이 나아갈 길을 발견할 수도 있으며, 잘못된 생활습관을 바로잡을 수도 있다.

이는 곧 다른 사람의 삶을 통해서 당신의 삶에 새로운 전기를 마련하는 방법이다. 당신은 남을 관찰함으로써 보다 더 효과적인 삶의 방법을 찾아낼 수 있을 것이다. 모범이 될 만한 사람의 삶을 날카롭게 관찰하라.

---

모범이 될 만한 사람의 삶을 날카롭게 관찰하라. 그 사람이 투자한 많은 시간, 수없이 많은 시행착오 속에서 찾아낸 합리적인 기법을 터득할 수 있게 된다.

# 앞서간 사람들의
# 지혜를 빌려라

누구나 자기가 세상에서 제일 잘났다고 생각한다. 그래서 이미 경험한 선배의 지혜를 빌릴 생각은 하지 않고, 실패한 길을 눈이 떠질 때까지 헤매는 사람이 많은 것이다. 이 무슨 어리석은 짓이랴.

그렇다면 선배들이 찾고 헤맨 것이 진보의 역할을 못하는 것이 아닌가. 뒤에 가는 자는 앞서간 사람의 경험을 이용하여, 두 번 다시 실패와 헤매는 일을 되풀이하지 않아야 한다. 그리고 그것을 넘어서 보다 나아가는 점이 있어야 한다.

---

뒤에 가는 자는 앞서간 사람의 경험을 이용하여, 두 번 다시 실패와 헤매는 일을 되풀이하지 않아야 한다.

# 인내보다
## 훌륭한 것은 없다

성공함에 있어 끈질긴 인내보다 훌륭한 것이 없다. 재능만으로는 안 된다. 재능이 있으면서도 성공하지 못하는 인간이 얼마든지 있다. '천재는 보답 받지 못한다'는 말처럼 천재가 오히려 성공하지 못하는 법이다.

또 교육만으로 되는 것도 아니다. 교양 있는 낙오자는 빗자루로 쓸 정도로 널려 있다. 무엇을 하든 그 일을 성취하는 것은 오직 끈기와 결단력뿐이다.

'버텨라!'

이 슬로건은 이제까지 인류의 여러 가지 문제를 해결해 왔으며, 이제부터 해결해 나갈 것이다.

---

성공함에 있어 끈질긴 인내보다 출륭한 것이 없다. 결단력을 가지고 끝까지 버텨라.

# 작은 기만이
# 커다란 불신을 낳는다

🦌 형식이 아니라 본질을 아는 사람이 되어라. 확신이 있는 자들은 형식적인 자들과 타협하지 않는다.

어떤 자들은 기만적이고, 어떤 자들은 신사적이다. 또한 어떤 자들은 현명하고, 어떤 자들은 어리석다.

형식을 좇는 자들, 속임수를 쓰는 사람들은 모래로 쌓은 집과 같아서 비가 오면 쉽게 무너지고 만다.

속이는 자들은 매사에 의심을 받을 수밖에 없다. 그들은 자신의 말을 믿기에는 지나치게 많은 말을 하고, 그것을 실천하기에는 너무나 많은 약속을 하기 때문이다.

---

확신이 있는 자들은 형식적인 자들과 타협하지 않는다.

# 과장은
# 거짓말의 곁가지이다

🦌 약속 가운데 어떤 것은 보증의 효과가 있지만, 어떤 것은 사기의 냄새가 난다. 전자는 신뢰성이 있는 것이고, 후자는 가증스러운 것이다.

우매한 자는 정중한 약속이라면 무조건 믿는 경향이 있다.

교활한 사기꾼들은 솔솔 부는 바람과 같은 말로 의심받지 않는 확신으로 포장하여 일을 추진한다.

모든 것을 약속한다는 것은 아무것도 약속하지 않는 것이며, 사실상 신뢰를 가장한 덫이다. 그런 행위를 하는 사기꾼들은 오직 허세의 은행에 예금하며, 그들의 자산이나 부채는 단지 농담과 빈말뿐이다.

---

교활한 사기꾼들은 솔솔 부는 바람과 같은 말로 의심받지 않는 확신으로 포장하여 일을 추진한다.

# 창조는 인생을 풍요롭게 만드는 매력적인 힘이다

객관성과 독창성은 확실히 뛰어난 자들의 표상이다.

당신의 동반자의 능력은 그가 가진 참신함과 솔직함으로 측정될 수 있다.

주관적인 관점만을 가진 자는 커다란 시각으로 사물을 볼 수 없으며, 그런 악습은 인생 전반에 걸쳐 그의 불행을 부채질할 뿐이다.

솔직한 사람이 오히려 독창적인 두뇌를 가지고 있다. 그는 자신의 타성을 직시하고 반성할 줄 안다. 그러한 반성은 발전을 의미하며, 발전이란 창조 없이는 불가능한 것이다.

---

솔직한 사람은 자신의 타성을 직시하고 반성할 줄 안다. 그러한 반성은 발전을 의미하며, 발전이란 창조 없이는 불가능한 것이다.

# 지나친 설명은
# 신뢰를 좀먹게 한다

🦌 신뢰하는 마음이란 보고 행해져야만 부여되는 것이다.

신뢰는 우리가 인생이라는 사다리를 오르면서 꼭 가져야 할 사명 중의 하나이다.

신뢰받지 못하는 천재는 이미 천재가 아니다.

신뢰를 받는다는 것은 세상을 좀 더 긍정적으로 살아갈 수 있게 하는 원천이다. 그러나 평생에 걸쳐 쌓아 놓은 신뢰의 벽이라 해도 한순간에 무너질 수 있음을 명심해야 한다.

---

평생에 걸쳐 쌓아 놓은 신뢰의 벽이라 해도 한순간에 무너질 수 있음을 명심해야 한다.

# 버림받기 전에
# 먼저 버려라

🐎 우리의 인생에는 시작과 끝이 있음을 잊지 말아야 한다.

어떤 일이든 실패해서 그곳을 떠나야 할 때에는 명예롭게 가야 한다는 자기 원칙을 세워야 한다.

찬란한 정오에 영원히 빛나는 행운이나 명성, 정열은 없다. 해가 질 때의 교훈을 기억하라. 하루의 끝은 해가 질 때, 붉게 물들기는 하지만 가라앉는 것을 보이지 않으려고 구름 뒤에 숨어서 고요히 사라진다.

더 이상 어쩔 수 없이 변화할 때는 패자가 되기 전에, 승자의 자리에서 물러날 줄 알아야 한다.

더 이상 어쩔 수 없이 변화할 때는 패자가 되기 전에, 승자의 자리에서 물러날 줄 알아야 한다.

# 망각의
## 최대의 복수다

🦌 우정이 절실히 필요할 때, 우리의 양심을 짓밟고 저버린 친구들에 대한 가장 큰 복수는 그들을 망각 속으로 밀어 넣는 것이다. 그것이 최고의 경멸이다.

그러므로 과감하게 그들을 잊어버리고 돌아보지 말라.

그리고 미래에 대한 새로운 방향을 모색하라. 새로 선택한 동료와 더불어.

---

우리의 양심을 짓밟고 저버린 친구들에 대한 가장 큰 복수는 그들을 망각 속으로 밀어 넣는 것이다.

# 절대적인 것은
# 돈밖에 없다

인간의 물질적 욕구가 주로 금전에 쏠리고, 이 세상 무엇보다도 돈을 가장 사랑하는 것은 옛날부터 비난의 대상이 되어왔다. 그럼에도 불구하고 이 만능의 힘을 소중히 여기는 것은 자연스러운 일인지도 모른다.

그 밖의 소유물은 단지 어떤 한 가지 욕망과 욕구를 충족시켜 준다. 예를 들어, 음식은 건강한 사람들에게 긴요한 것이고, 술은 음주가들이 즐기는 것이며, 약은 환자에게만 소중하고, 모피는 추울 때의 필수품이다.

다시 말해, 이 모든 것은 다만 상대적으로 좋은 것일 뿐, 절대적으로 좋은 것은 돈밖에 없다. 돈은 어느 한 가지 욕구를 구체적으로 충족시켜 줄 뿐만 아니라 모든 욕구를 추상적으로 충족시켜 주기 때문이다.

---

돈은 어느 한 가지 욕구를 구체적으로 충족시켜 줄 뿐만 아니라 모든 욕구를 추상적으로 충족시켜 준다.

# 가난을 직접 경험한 사람은
# 파산을 겁내지 않는다

🐎 대체로 엄청난 빈궁을 직접 경험한 사람은 간접적으로 듣고 본 사람보다 파산을 두려워하지 않으며, 따라서 한층 더 헤픈 경우가 많다.

직접 경험한 사람은 주로 어떤 요행이나 재능에 의하여 가난뱅이에서 갑자기 부자가 된 자들이고, 간접 경험한 사람은 부유한 집에서 자라난 자들이다.

본래부터 부유했던 자들은 대체로 앞날에 대한 걱정이 많으며, 따라서 절약가로 변해 간다.

재산을 상속받은 자는 그것이 자기에게 없어서는 안 될 것으로 간주하고, 대체로 견실하고 검소한 생활을 한다.

가난에 대한 경험은 그 사람의 생활방식에 많은 영향을 준다.

# 재산을
# 소중히 하라

🦌 재산을 소중히 할 것을 권한다.

자기 하나 안전하게 살아갈 만한 재산을 갖고 있다는 것은 다시없는 특전이다. 이러한 재산은 생활에 뒤따르는 궁핍과 고뇌를 면하게 하는 것이며, 인간의 피할 길 없는 운명이 되다시피 한 저 비천한 부역으로부터 해방되는 것이다.

이 정도로 운명의 은총을 받은 자만이 참된 의미의 자유인이다. 이러한 자만이 비로소 독립할 수 있으며, 스스로 자기 시간과 능력에 대한 주권을 행사할 수 있기 때문이다.

---

자기 하나 안전하게 살아갈 만한 재산을 갖고 있다는 것은 다시없는 특전이다.

# 허영이라는 이름의
# 미련한 행동을 조심하라

🦌 대부분의 사람들은 자기보다 남에게 의존하여, 자신의 의식속에 실재하는 것보다 남의 의식 속에 있는 것을 더 소중히 여긴다. 자연스럽고 올바른 이치를 벗어나, 제삼자의 견해에 참된 가치를 부여하고, 자기 자신에 대해서는 이를 전적으로 무시한다.

때문에 남의 두뇌에 맴도는 환상을 자신의 실체보다 더 큰 권위가 있는 것으로 간주하고, 간접적인 가치와 직접적인 가치를 혼동한다.

이것은 다름 아닌 저 허영이라는 이름의 미련한 행동이며, 구두쇠의 탐욕과 같이 수단을 위해 목적을 저버린 가장 못난 짓이다.

---

자기보다 남에게 의존하여, 자신의 의식 속에 실재하는 것보다 남의 의식 속에 있는 것을 더 소중히 여겨서는 안 된다.

# 흐려진 기억력과 판단력은
# 지위 때문이다

🦌 지위나 훈장은 대다수의 속물근성을 가진 자들에게 무척이나 대단한 것처럼 보인다. 그러나 그것은 행복의 요건으로서는 단순한 것이다.

지위의 가치는 사회제도와 관례에 의거하며, 좀 더 구체적으로 말하면 하나의 허수아비에 지나지 않는다.

거기에 대한 세상 사람들의 존경도 표면적인 것이며, 지위의 고하도 결국 대중을 상대로 하는 값싼 연극에 지나지 않는다.

---

지위에 대한 세상 사람들의 존경은 표면적인 것이며, 지위의 고하도 결국 값싼 연극에 지나지 않는다.

# 사들인 명성은 불안과 번뇌를 불러일으킨다

🦌 세상 사람들의 찬양만을 중요시한다면, 그 찬양의 대상은 아무런 가치도 없는 것이니, 예컨대 허위의 명성, 사들인 명성이 그것이다.

이런 명성을 지닌 자는 오직 그것만을 되씹는 꼭두각시 같은 명성을 누리고 있을 뿐이며, 동시에 이러한 명성은 오직 불안과 번뇌를 불러일으킨다.

아무리 커다란 자부심과 자존심을 갖고 있다 하더라도, 자기의 힘으로는 엄두도 못 낼 높은 곳에 있으므로 때로는 정신적인 현기증을 일으키는 법이다.

---

세상 사람들이 찬양해 주기만을 바라는 명성은 정신적 현기증을 불러일으킨다.

# 작은 것에 얽매이면
# 큰 것을 놓친다

🦌 몸에 조그마한 상처가 나거나 통증이 있으면, 건강한 몸 전체에 대해서는 조금도 달갑게 여기지 않고, 오직 그 환부의 고통만이 마음에 걸려 삶에 대한 즐거움을 느끼지 못하게 된다.

또한 사업이 순조롭게 진행되어도 오직 한 가지만 뜻대로 되지 않으면, 비록 사소한 일이라도 그것만이 걱정되어, 원만히 진행되는 보다 중요한 모든 일이 거의 잊혀진다.

---

몸의 조그마한 상처 하나가 삶의 기쁨을 송두리째 앗아간다.

# 변명하지
# 말라

🦌 우리는 자기의 잘못을 변명하거나 두둔하지 않으면, 실수를 인정하는 것으로 간주하는 것이 보통이다.

이런 것은 자신 앞에 깨끗이 고백하고, 앞으로 다시 그런 일을 저지르지 않도록 마음을 굳게 다짐해야 한다. 물론 이때, 스스로 자기에게 내리는 유죄 선고에 대한 괴로움을 달게 받아야 한다.

징벌을 모르는 사람은 결코 현명할 수도 없다.

---

잘못이 있다면 스스로 자기에게 내리는 유죄 선고에 대한 괴로움을 달게 받아야 한다.

# 재능을 가진 자는
# 자랑하지 않는다

우리는 무엇보다도 모든 허식虛飾을 삼가야 한다. 허식이 언제나 천시되는 것은 첫째로, 그것이 거짓이고 자기의 무능에 대한 두려움에서 비롯된 비열한 행위이며 둘째로, 자기를 과대 포장해 보이려는 자기 탄핵이기 때문이다.

어떤 성격이나 재능을 속이면서 자랑하고 우쭐대는 것은 자신이 그러한 성격이나 재능을 갖고 있지 않다는 사실을 자백하는 것과 같다. 따라서 용기, 학식, 재능, 여자, 재산, 지위, 이 밖에 무엇이라도 그것을 코에 거는 자가 있다면 그에겐 바로 자랑삼는 그것이 결핍되어 있다고 단정하여도 좋다.

정말로 어떤 탁월한 점이나 뛰어난 면을 소유하고 있는 자라면 스스로 만족할 뿐 그것을 자랑할 필요가 없다.

---

어떤 성격이나 재능을 속이면서 자랑하고 우쭐대는 것은 자신이 그러한 성격이나 재능을 갖고 있지 않다는 사실을 자백하는 것과 같다.

# 타인은 곧 자신을 비추는
# 거울이다

🦌 눈의 가장 가까운 거리에 있는 속눈썹을 헤아릴 수 없는 것처럼, 인간은 자기의 결점이나 불의를 인정하지 못하고 남의 결점만을 보게 되는 법이다. 그것은 마치 개가 거울 속에 비친 자기를 남으로 여기는 것과 같다.

그러나 사실상 다른 사람은 자기의 거울이며, 이 거울에 의해서만 자기의 모든 부정, 결함, 악습 및 죄악을 분명히 느끼게 되는 것이다.

남을 비난하고 공격하는 것은 동시에 자기를 힐난하는 것도 된다. 그러므로 밖에 나타나는 남의 모든 행동에 대하여 엄밀하고 냉혹한 비판을 마음속으로 하는 버릇이 있는 사람은 간접적으로 자기의 결함을 바로잡을 수 있다.

그들이 비난하고 공격하는 점에 대해서는 자기도 그것을 기피하려는 도의심이나, 적어도 자존심을 갖고 있기 때문이다.

---

인간은 자기의 결점이나 불의를 인정하지 못하고 남의 결점만을 보기 쉽다.

# 자만하지 말라,
# 남들은 자화자찬이라 말한다

비록 그럴 만한 이유가 있다고 하더라도 스스로 자만에 빠지는 것은 바람직하지 못하다. 인간이란 허영에 빠져 있어, 진면목의 인간상을 찾아보기란 극히 어렵기 때문이다.

조금이라도 자기를 치켜세우면, 모든 사람들은 그것을 곧 허영의 소치로 돌리고 자화자찬이라고 여기기 때문이다.

---

비록 그럴 만한 이유가 있다고 하더라도 스스로 자만에 빠지는 것은 바람직하지 못하다.

# 사람들은 이미 일어난 일에서 해답을 찾는다

범인과 현인의 차이는 무엇보다도 일상생활에서 찾아볼 수 있다. 즉 앞으로 위험에 대하여 고찰하거나 그 정도를 예측하는 경우에 범인은 언제나 이미 일어난, 그와 유사한 사건을 돌아보고 검토할 따름이지만, 현인은 앞으로 일어날 수 있는 일을 사전에 예상하여 스페인의 속담처럼 '일년이 되도록 일어나지 않는 일이 이삼 분 내로 일어난다'는 것을 명심한다.

일어날지도 모르는 일을 내다보려면 지혜가 필요하다. 그러나 이미 일어난 일을 뒤돌아보려면 감각만으로 족하다.

---

일어날지도 모르는 일을 내다보려면 지혜가 필요하다. 그러나 이미 일어난 일을 뒤돌아보려면 감각만으로 족하다.

# 잊어버릴 것은
# 잊어버려라

🦌 자기 분석에는 대리가 있을 수 없다. 그것은 마음의 약이다.

이 세상에는 반쪽 지혜자와 완전 지혜자, 다른 사람들이 바보라고 생각하는 사람과 그렇지 않은 사람이 있다.

잊어버려도 좋은 것은 기억에 오래 남는다. 기억은 통제하기 어려운 마음의 수렁과도 같다. 기억은 필요할 때는 피해 가고, 필요하지 않을 때는 불쑥 나타난다.

기억을 정복하는 것, 그것이 고통을 최소화하는 지름길이다. 그런 생각을 온화하게 할 수 있는 능력이 자기만족과 마음의 평화를 가져다준다.

---

잊어버려도 좋은 것은 기억에 오래 남는다. 기억은 필요할 때는 피해 가고, 필요하지 않을 때는 불쑥 나타난다.

# 좋은 책을
# 읽어라

시대에 뒤떨어지지 않기 위해서 독서하는 일, 즉 모두가 언제나 같은 책, 최신작, 베스트셀러를 읽고 사교계에서 화제로 삼기 위하여 책을 읽는 것은 참으로 비참한 일이다.

사람들이 모든 시대에 걸쳐 가장 훌륭한 것 대신에 가장 새로운 것만을 읽기 때문에 저술가들도 당대에 유행하는 좁은 사상권에서 빠져나오지 못하고, 시대는 점점 더 깊이 수렁에 빠져들고 있는 것이다.

우리가 책을 읽을 때, 쓸데없는 책을 읽지 않는 기술이 매우 중요하다. 유행하는 책을 닥치는 대로 읽지 않는 것도 한 방법이다.

악서는 아무리 적게 읽어도 모자람이 없고, 양서는 아무리 여러 번 읽어도 지나침이 없다.

---

악서는 아무리 적게 읽어도 모자람이 없고, 양서는 아무리 여러 번 읽어도 지나침이 없다.

# 좋은 책은 여러 번 반복해서 읽어라

🐎 사람들은 책을 구입하는 것과 그 내용을 자신의 것으로 만드는 것을 혼동하고 있다. 지금까지 읽은 것을 모두 몸 안에 간직하려고 한다.

'반복은 연구의 어머니'라는 말이 있다. 모든 중요한 책은 무엇이든 반복해서 읽어야 한다. 두 번 읽을 때는 더한층 올바르게 이해할 수 있으며, 처음과는 다른 기분으로 읽기 때문에 같은 대상에 대해서도 다른 시각을 갖게 된다.

고전을 읽는 것 이상으로 정신을 맑게 하는 것은 없다. 고전이라면 어떤 책이든, 한 권을 반 시간만이라도 손에 쥐고 있다면 곧 정신은 신선하고 경쾌해져서 맑아지고 강해지는 것이다. 그것은 나그네가 깨끗한 바위에서 솟아나는 샘물로 원기를 회복하는 것과 같다.

---

한 권의 책은 정신을 신선하고 맑게 하면서 강하게 만든다.

# 무리한 소망을
# 갖지 말라

🐎 모든 소망 중에서 개인이 얻을 수 있는 것이란 아주 작은 일부분에 지나지 않는다. 그러나 재앙은 누구에게나 무수히 내리는 것이라는 점을 언제나 명심하라.

무언가를 소망할 때에는 분명한 한계를 긋고, 욕망을 억누르고, 노여움을 억제한다는 것 즉, 절제와 인내를 생활의 원칙으로 지키지 않는다면, 비록 부유하고 권세가 있더라도 자기 몸의 비참함을 어떻게 할 도리가 없는 것이다.

---

절제와 인내를 생활의 원칙으로 지키지 않는다면, 비록 부유하고 권세가 있더라도 자기 몸의 비참함을 어떻게 할 도리가 없는 것이다.

# 세월이라는 강물은
# 결코 되돌아오지 않는다

🦌 사람들이 일하고 있거나 잠들어 있거나, 무언가에 열중하고 있거나 게으름을 피우고 있거나, 기쁨에 넘쳐 춤을 추고 있거나, 고통에 허덕이고 있거나, 세월이란 강물은 언제나 같은 속도로, 한 번도 되돌아보는 법 없이 도도히 흘러간다.

인간이 시간이란 강을 이용할 수 있는 것은 '오늘의 생활'이란 수레를 돌릴 때뿐이다. 한번 눈앞에서 흘러가 버리면, 시간이라는 강은 다시 되돌아오지 않는 영원이라는 바다로 들어가게 된다.

물론 다음 기회도 있을 것이다. 이어서 흘러오는 또 다른 물결이 있을 것이다. 하지만 이용하는 일 없이 흘러가 버린 것은 완전히 없어진 것이며, 그것은 다시금 우리들 앞에 되돌아오지 않는다.

---

세월이란 강물은 언제나 같은 속도로, 한 번도 되돌아보는 법 없이 도도히 흘러간다.

Take action! Now it is in season

**3**

# 지금 행동하라.
# 가장 좋은 시기는
# 바로 지금이다

# 할 수 있다는 자세로
# 노력하라

☸ 할 수 있다는 태도를 늘 마음에 새겨 두는 것이 곧 성공의 철학이다. '내가 할 수 있을까?' 하고 의문을 가지는 것은 실패의 지름길이다. 불가능하다는 말은 이제 당신의 두뇌에서 삭제하라. 그렇게 할 때 비로소 새롭고 적극적인 생각이 당신을 대신하게 된다.

현재 당신이 처한 상황이 아무리 힘들고 어렵더라도 할 수 있다는 자세로 대처할 때 상황은 개선되고, 필요로 하는 생각과 도움을 줄 사람들이 나타나게 된다.

'나는 할 수 있다'는 자세로 노력하라. 그러면 당신은 이미 성공이라는 보물을 손에 거머쥐고, 그 성공과 함께 뛰고 있는 것이나 마찬가지다.

---

불가능하다는 말은 이제 당신의 두뇌에서 삭제하라. 그렇게 할 때 비로소 새롭고 적극적인 생각이 당신을 대신하게 된다.

# 시간은 흘러가는 돈이다

☀ 열심히 땀 흘리지 않는 자는 기뻐할 수 있는 기회를 갖지 못한다. 매일 매일을 휴일처럼 보내는 사람이 진정한 휴식의 즐거움을 어떻게 알겠는가. 진정한 휴식의 기쁨은 열심히 땀 흘려 일한 뒤에 맞이하는 단 몇 분간의 휴식에서도 얻을 수 있다. 성취감 뒤에 맛보는 그 뿌듯한 희열을 게으른 자가 어찌 알겠는가.

시간을 '흘러가는 돈'이라고 생각하라. 시간을 소홀히 다루는 사람은 바로 눈앞에 있는 보물을 놓쳐 버리는 것과 같이 어리석은 사람인 것이다.

---

시간은 '흘러가는 돈'이다. 시간을 소홀히 다루는 사람은 바로 눈앞에 있는 보물을 놓쳐 버리는 것과 같이 어리석은 사람이다.

# 행운은
# 노력 뒤에 온다

☀ 인생이라는 게임도 규칙을 지킬 때 비로소 행운을 만날 수 있다. 그 행운을 얻는 데에도 역시 기술이 필요하리라.

현명한 사람에게 찾아오는 멋진 행운이란 결코 우연히 일어나는 것이 아니며, 종종 계산되고 예견되는 것이다.

그러나 많은 사람들은 행운의 여신의 집 앞을 서성이는 것만으로 전부를 가지려 한다. 그런가 하면, 어떤 이는 열리지 않는 행운의 문을 세차게 두드리며 들어가려는 억지를 부리기도 한다. 그것은 결국 삐걱대는 바퀴에 기름을 치는 일과 다르지 않다는 사실을 그들은 금방 알아차리게 되리라.

줄리어스 시저를 기억하라.

그는 자신의 가능성을 인정하는 사회에서 통찰력과 근면함으로 그 행운을 좇았을 뿐이라는 사실을…….

---

현명한 사람에게 찾아오는 멋진 행운이란 결코 우연히 일어나는 것이 아니다.

# 구르는 돌에는
## 이끼가 끼지 않는다

☀ 사람이 부지런할수록 여가는 그만큼 즐거움을 가져다준다. 자기가 맡은 일을 제대로 마무리하지 못한 사람은 쉬면서도 생각을 일에 빼앗기는 탓에 마음껏 여가를 즐길 수 없는 것이다. 편안한 잠자리도 성실한 사람만이 느낄 수 있는 특권이다.

몸을 아낀다고 해서 그 인생까지 편안해지지는 않는다. 자기 손으로 흙 한 줌 들어 나르려고 하지 않는 사람에게 무슨 미래가 있겠는가? 구르는 돌에 이끼가 끼지 않듯이, 성실하게 사는 삶에는 불행이 끼어들 틈이 없다.

---

사람이 부지런할수록 여가는 그만큼 즐거움을 가져다준다. 구르는 돌에 이끼가 끼지 않듯이, 성실하게 사는 삶에는 불행이 끼어들 틈이 없다.

# 모든 순간이
# 소중한 인생이다

☀ 그대는 이미 알고 있다. 인생이 희극과 비극으로 나누어진다는 것을.

지상에 살아 있는 우리는 행복과 불행의 양 극단에 놓여 있다. 행복에 이르는 천국과 악에 이르는 지옥, 바로 그 선과 악 사이의 운명에서 쉼 없이 흔들리는 것, 그것이 인생이다. 이 변덕스러운 운명을 피할 수 있는 이는 아무도 없다.

어떤 이가 바르게 태어나고, 그르게 태어났는가 하는 것은 그 사람의 삶을 통해서만 말하여진다. 그의 타고난 운명이 다양하다면, 그 인생 또한 다양하리라.

수많은 갈림길 위에 서 있는 그대들의 운명은 한순간의 상황에 의해 결정된다.

명심하라. 모든 순간이, 모든 상황이 곧 그대들의 소중한 인생이다.

---

수많은 갈림길 위에 서 있는 운명은 한순간의 상황에 의해 결정된다.

# 기회는
# 만들어야 하는 것이다

☸ 막연히 기다려서는 절대 기회를 잡을 수 없다.

평소에 하고 싶었던 것, 해야 할 것 중에 손쉽게 할 수 있는 것을 잡아서 지금 당장 시작하라! 자신에게 부족한 면이 있다면 자기개발에 필요한 정보도 찾아라. 보고, 듣고, 느낀 것을 즉시 자신의 생활에 적용시켜 행동으로 옮겨라.

어느 것이라도 좋다. 무엇이든 하라! 새로운 일의 시작과 동시에 부정적인 마음이 변하고 몸 속 어디선가 강력한 에너지가 솟아나는 것을 느끼게 될 것이다. 노력해서 안 되는 일은 없다. 아무리 어려운 상황도 조금씩 성취하다 보면 결국은 끝을 보게 되는 것이다.

기회는 앞에서 잡아야 한다. 뒤에서는 절대 잡을 수 없다. 그리고 그 기회는 누구도 대신할 수 없다. 오로지 자기 자신만이 만들 수 있다.

---

노력해서 안 되는 일은 없다. 아무리 어려운 상황도 조금씩 성취하다 보면 결국은 끝을 보게 되는 것이다.

# 현명한 농부는
# 언제 씨를 뿌려야 하는지 알고 있다

☀ 모든 사람에게는 남이 흉내 낼 수 없는 한 가지 정도의 탁월함이 있다.

때때로 가장 적절한 시기가 언제인가를 판단하는 것은 숨겨진 비밀을 캐내는 것만큼이나 어려운 일이다.

그러나 현명한 농부는 언제 씨를 뿌리고 언제 과수원에서 과일을 거두어들여야 하는지를 잘 알고 있다.

게으르고 나태한 사람에게 남는 것은 기껏해야 둘째가 되는 것뿐이다.

시작하라. 그리고 행동하라. 바로 지금이 가장 적절한 순간이다. 이것이 세계의 현인들이 가르치는 행동과 해결의 원칙이다.

---

게으르고 나태한 사람에게 남는 것은 기껏해야 둘째가 되는 것뿐이다. 시작하라. 그리고 행동하라.

# 모든 것에는
## 가장 좋은 때가 있다

☀ 인생의 대부분은 처음 시작은 참신하나, 시간이 지날수록 폐단이 따르게 마련이다. 또 지위가 높아질수록 시작할 때의 참신함을 잃지 말아야 그 가치를 인정받을 수 있다. 그러나 많은 사람들은 높이 오르면 오를수록 권력 가까이에서 새로운 힘을 과시하려 한다. 나중에는 결국 자신들을 버릴지도 모르는 헛된 권력의 그늘에서 인정받기를 기대하는 것이다.

평범함이 유별남보다 더 가치 있는 일임을 그들은 모른다. 진정으로 의미 있는 영광이 그대들을 기다리고 있음을 깨달아야 한다. 모든 것에는 가장 좋은 때가 있다.

바로 지금 사람답게 살아라.

헛된 명성에 얽매이지 말라.

시간이 흐르면 헛된 것은 모두 사라지리라.

---

지위가 높아질수록 시작할 때의 참신함을 잃지 말아야 그 가치를 인정받을 수 있다.

# 목표를
# 크게 설정하라

☀ 그대들은 인생에서 가급적이면 빨리 자신의 운명과 진로에
대한 바른 지침을 가지는 것이 좋다.

자신이 할 수 있는 일과 할 수 없는 일에 대한 합리적인 전망
을 가져야 한다. 목표는 너무 높아도 안 되고 너무 낮아도 안 되
지만, 예나 지금이나 큰 뜻을 지녔던 사람들은 최소한 아주 적은
재능이라도 가질 수 있었다.

무엇이 세상을 돌아가게 하느냐는 물음에 대한 어느 노 철학
자의 대답은 '희망'이라는 한마디였다.

희망을 가져라. 살아가는 동안 당신이 목표를 잃었다면 하늘
을 보라. 당신은 기대에 어긋나는 인생을 경험하면서 최소한 자
신의 인생에 대한 균형은 잡을 수 있을 것이다.

---

자신이 할 수 있는 일과 할 수 없는 일에 대한 합리적인 전망을 가져야 한다.

# 행동은 신중하게,
# 불행은 인내로 맞이하라

☀ 사소한 일로 마음을 상하는 것은 어리석은 일이다.

운명이란 간간이 불운을 던짐으로써 그대들의 인생에 양념을 치듯 균형을 잡아가는 것이다. 감당하기 어려운 무거운 짐이 한꺼번에 오지 않는 것에 오히려 만족해야 한다.

행운과 불행은 예상할 수 없는 뜻밖의 기회에 온다.

그러나 잠깐 동안의 행운이 멀어지기 시작할 때, 가깝던 사람도 마음이 변해 떠나간다는 사실을 고통스럽게 배우게 될 것이다. 불행은 그 자체로도 절망을 가져온다. 용기와 냉정을 되찾고 평상시의 모습으로 되돌아올 때까지는 아무리 아름다운 음악도 그대들을 위로하지 못할 것이다.

좌절과 희망은 언제 어디에서 나타날지 아무도 모른다.

언제나 한결같이 이성으로 자신을 무장해야 한다. 그리하여 행운은 신중하게 받아들이고, 불행은 인내로써 받아들여야 한다.

---

좌절과 희망은 언제 어디에서 나타날지 아무도 모른다. 언제나 한결같이 이성으로 자신을 무장해야 한다.

# 모든 것은
# 한순간에 이루어지지 않는다

☀ 누구에게나 오랜 꿈이 있고, 그 꿈은 스스로 꾸준히 노력하지 않으면 현실로 바뀌지 않는다.

지혜로운 사람은 일찍부터 자신이 나아갈 바를 결정한다. 일단 마음을 정하면 그 목적을 향해 한 땀 한 땀 세심한 주의를 해야 한다. 어떠한 장애물이 생기더라도 결코 꿈을 포기해서는 안 된다. 방향을 수정하고 방법을 바꾸더라도 목적과 원칙은 지켜야 한다.

운명은 적응하면서 노력하는 자에게 유리한 환경을 마련해준다.

행동에서 기교, 기교에서 다시 행동으로 옮길 수 있는 자는 장애물에 관계없이 반드시 승리할 것이다.

---

일단 마음을 정하면 그 목적을 향해 한 땀 한 땀 세심한 주의를 해야 한다.

# 포기하지 않는
# 정신을 길러라

☀ 생존경쟁에 있어서 포기하지 않는 정신은 어떤 재능보다도 필요한 것이다. 뛰어난 재능이 있으면서도 성공하지 못하는 사람은 대부분 자신감이나 인내심이 없는 탓이다. 그토록 얻어맞으면서도 굴하지 않는 권투 권수의 투지로 살아간다면, 최악의 난관에 부딪히더라도 그것을 이기고 승리의 열매를 쟁취하게 된다.

실패에 굴복하지 않고 칠전팔기의 정신으로 다시 일어나, 그 실패에서 성공의 공식을 발견해야 한다. 그리고 정당하게 맞선다면 반드시 성공할 수 있을 것이다.

---

뛰어난 재능이 있으면서도 성공하지 못하는 사람은 대부분 자신감이나 인내심이 없는 탓이다. 당당하게 맞서라.

# 목표만큼은
# 분명하게 세워라

☀ 자신을 위해 무엇인가 확실한 일을 하고 싶어 하는 사람일수록 목표가 뚜렷하다. 뚜렷한 목표가 없는 사람은 나태한 생활을 하기 쉽고, 무계획적인 습관을 가지게 된다. 비록 아무 계획 없이 어떤 일이 마무리되었다고 하더라도 그 결과란 만족할 만한 것이 될 수 없다.

먼저 일을 익히고, 자신의 능력을 최대한 발휘할 수 있는 영역을 만든 다음 목표를 정하고, 계획을 세워 전력을 다해야 한다.

철저하게 계획을 세우고 그것을 끝까지 실천하는 것만이 성공의 샴페인을 터뜨릴 수 있는 지름길임을 명심하라. 지금 당신의 목표는 무엇인가?

---

지금 당신의 목표는 무엇인가? 자신을 위해 무엇인가 확실한 일을 하고 싶어 하는 사람일수록 목표가 뚜렷해야 한다.

# 늘 새로운 변화를
# 준비하라

☼ 현명한 사람은 일정하게 자신을 변화시킬 줄 안다. 이것은 여러 사람들과 어울려 살아가는 데 필요한 하나의 전략으로, 자신의 명성을 새롭게 만들기도 한다.

사람들은 늘 보고 듣고 사용하는 것들에 대해서는 어떠한 찬양도 존경도 보내지 않는다. 누구나 새로운 세계에 대한 동경과 호기심으로 가득 차 있기 때문이다.

정작 지혜로운 사람은 사려 깊은 태도로, 다른 사람들이 존경할 만큼의 적당한 거리를 유지하면서, 지나친 친밀감을 사전에 방지한다.

항상 새로운 마음 자세로 쉼 없이 자신을 바꾸고 계발해 나갈 때, 그는 언제나 존경의 한 중심에 위치할 수 있다.

---

항상 새로운 마음 자세로 쉼 없이 자신을 바꾸고 계발해 나갈 때, 존경의 한 중심에 위치할 수 있다.

# 성급한 판단은
# 후회를 낳는다

☀ 사람이든 사물이든, 너무 쉽게 좋아하고 미워하는 것은 결국 자신을 속이는 행위이다. 서서히 신뢰하고 서서히 불신하는 것이 바른 방법이다.

친구를 좋아하고 신뢰하면 마음에 평화가 깃든다. 그러나 이와는 대조적으로 아무것도 믿지 않는 사람이 있다. 이미 다른 사람들에 의해 증명된 것이라고 해도 무조건 믿지 않는 사람, 그는 곧 다른 사람으로부터 불신을 받게 마련이다.

명심하라. 성급한 판단은 후회를 낳는다. 어떠한 사실에 관한 이야기를 듣더라도 또 다른 이야기를 들을 때까지 판단을 늦추는 지혜가 필요하다.

믿더라도 천천히 믿어라. 그 신중함이 당신에게 커다란 이득을 몰고 올 것이다.

---

믿더라도 천천히 믿어라. 그 신중함이 당신에게 커다란 이득을 몰고 올 것이다.

# 운명에 대하여
# 고민하지 말라

☼ 지혜로운 자는 단 한 번의 카드 게임에 모든 재산을 거는 짓은 하지 않는다.

실패는 항상 있다. 그러나 우연히 일어나는 일은 아니다.

당신에게 기회가 왔을 때, 그리고 위험성이 높을 때 거듭 심사숙고하라. 그리하여 실패하지 않도록 아주 천천히, 침착하게 대처하라. 운명에 대하여 미리부터 고민할 필요는 없다.

불운을 만회할 내일은 항상 마련되어 있다. 비록 지금 하고 있는 게임에서 지더라도 신중함과 분별력을 가지고 있다면, 얼마든지 다음의 기회를 내 것으로 만들 수 있는 것이다.

---

지혜로운 자는 단 한 번의 카드 게임에 모든 재산을 거는 짓은 하지 않는다.

# 한쪽에는 희망을, 다른 쪽에는 경계를 달아라

☀ 모든 계획은 실천에 옮기기 전에 심사숙고해야 한다.

인간의 지혜는 불충분하기 때문에 도저히 예견할 수 없는 일이 숨어 있어, 모든 계획이 수포로 돌아갈 수도 있다는 점을 염두에 두어야 한다. 따라서 저울의 한쪽에는 희망을, 다른 쪽에는 경계를 달아 놓아야 한다.

일을 시작할 때는 '평지에 풍파를 일으키지 말라'는 교훈을 기억하라.

일단 결단을 내려 일에 착수하고, 일을 진행시켜 그 결과를 기다리는 마당에서는 지난 일을 다시 돌아보거나 미리 위험을 예측하고 걱정할 필요는 없다.

---

일을 시작할 때는 평지에 풍파를 일으키지 말라.

# 인생의 첫걸음은
# 인내하는 것이다

☸ 불행하게도 우리는 나이가 들면서 세상일에는 지혜로워지면서도 정작 자기 자신에 대해서는 바보처럼 인내심이 없어져간다. 물론 어렵지만 속상한 일에도 마음을 열고, 참을 수 없는일도 참아야 한다.

하기 싫은 일도 인내하는 마음을 가지고 실행에 옮기는 것이무엇보다 중요하다. 그것이 인생에서 진정한 평화를 얻는 첫걸음이다.

만약 당신이 인내심 없는 사람을 만났다면, 그것은 원칙과 정의도 없는 사람을 만난 것이다.

---

하기 싫은 일도 인내하는 마음으로 실행에 옮기는 것이 무엇보다 중요하다.

# 내일로 미루지 않는 자가
# 더 많은 일을 한다

☀ 즉각 행동으로 옮기는 사람이 되어라. 어리석은 잠을 자기보다는 재치 있는 출발을 함으로써 활동적이고 적극적인 사람이 되어야 한다. 그러기 위해서는 우선 타인이 믿음을 가질 수 있을 만큼 기민함을 길러라. 당신의 즉각적인 행동은 당신 자신에게도 유익함을 준다.

다른 사람들이 중단한 곳에서 다시 시작하여 그것을 해내는 사람, 그가 진정한 행동가인 것이다. 승리하는 지도자는 언제나 즉각적인 행동을 한다. 구차한 염려는 접어두고 지금, 행동하라.

---

승리하는 지도자는 언제나 즉각적인 행동을 한다.

# 자신의 일에
# 전력을 다하라

☀ 일단 목표를 정했으면 혼신의 힘을 다해 매달려야 한다. 막연하게 그저 어떻게 되겠지 하는 생각으로 목표에 도전한다면, 당신은 그 목표에 도달하기도 전에 실패의 나락으로 떨어지게 될 것이다.

목표를 정하여 당신의 잠자는 의욕을 깨워라. 스스로를 태우는 촛불처럼 자신의 모든 것을 바쳐서 그 목적하는 바를 성취하라. 일에 대한 열정 없이는 그 어떤 성과도 일궈낼 수 없다. 자신을 신뢰하지 못하며 다른 사람의 걸음걸이만을 흉내 낸다면 결국 아무것도 이룰 수가 없게 된다.

어떤 문제에 부딪칠 때나 기회가 닥쳐왔을 때 자신감이야말로 당신의 최대 무기가 될 수 있다는 점을 항상 기억하라.

---

목표를 정하여 당신의 잠자는 의욕을 깨워라. 자신을 신뢰하지 못하며 다른 사람의 걸음걸이만을 흉내 낸다면 결국 아무것도 이룰 수가 없게 된다.

# 지금 실행하지 않으면
# 후회하게 된다

☀ 누군가로부터 몇 년에 걸친 오해를 받으면서도 해명을 하지 못하고 그대로 넘어가는 사람이 있다.

거리에서 사람들을 만나도 무뚝뚝하여 한마디도 하지 않는 사람이 있다. 상대방이 내일이라도 죽는다면 후회와 부끄러움에 몰리게 되리라는 것을 알면서도 인사할 마음이 생기지 않는 것이다.

친구를 칭찬해 주고, 그의 의견에 공감을 나타내 주고자 생각을 하면서도 그러지 못하고 친구의 마음을 괴롭히는 사람이 있다.

만일 '인생은 짧다'는 명제를 갑자기 깨달아 뼈저리게 느낄 수만 있다면, 이러한 '응어리'는 즉시 풀린다! 자, 즉시 나가서, 우물쭈물 하다가는 일평생 기회가 없어질지도 모를 일을 실행하자.

---

우물쭈물하다가는 일평생 기회가 없어질지도 모를 일을 실행하자. 우물쭈물 보내기에는 인생이 너무나 짧다.

# 현명한 사람은 곧바로 행하고,
# 바보는 마지막에 한다

🌞 결정한 즉시 행동하는 자는 그 직관력으로 기회를 잡게 된다.

어떤 일을 추진할 때에는 당신의 직관력에 귀를 기울이고 통찰력을 증대시켜야 한다. 시작도 하기 전에 미루기부터 하는 자는 결국에는 파멸을 맞게 된다.

기회의 문에 '예', '아니오'라고 적혀 있지는 않다. 실패에 대한 두려움으로 가득 찬 이 세상에서 어떻게 하면 승리하는 자가 될 것인가.

신중한 자들은 성공의 가능성이 호의적일 때 자신의 계획을 과감히 실행에 옮긴다.

---

신중한 자들은 성공의 가능성이 호의적일 때 계획을 과감히 실행에 옮긴다.

# 친절은 적은 비용으로 큰 기쁨을 누리는 것이다

☀ 재치 있는 사람이 환영받는다.

외교적인 사람, 즉 자신이 원하는 것보다는 다른 사람이 원하는 것을 알아차리고, 그것을 이야기할 줄 아는 사람이 되어야 한다. 우리가 훌륭한 인물로 꼽을 만한 사람들은 모두 상대방의 의견을 중요시했다.

재치와 기지는 사람들의 관점을 객관적이고 타당성 있는 것으로 바꿀 수 있다.

어떤 것에 만족한다는 것은 성공한다는 것과 크게 다르지 않다. 정중함과 친절은 다른 사람이 당신에게 호감을 갖도록 하는 값비싼 선물이다.

---

정중함과 친절은 다른 사람이 당신에게 호감을 갖도록 하는 값비싼 선물이다.

# 한 번에 두 개의 화살을 쏘아라

☸ 재주가 많은 사람은 수단 또한 많은 사람이다. 그는 한 번 주어진 기회에 두 개의 화살을 쏠 수 있는 사람이다.

단 한 사람의 친구와 단 하나의 재주와 단 하나의 수단만을 가진 사람은 이 세상과 담을 쌓은 사람이나 다름없다. 그는 폐쇄적이며, 따라서 이해의 폭도 좁다.

인생의 가장 어려운 단면을 이해하는 사람은 미래의 불행에 대비하여 지혜롭게 자신의 자산을 배가시키려고 노력한다.

위대한 능력은 모든 새로운 임무에 의해 점진적으로 계발되는 것이며, 널리 알려지는 것이다.

---

인생의 가장 어려운 단면을 이해하는 사람은 미래의 불행에 대비하여 지혜롭게 자신의 자산을 배가시키려고 노력한다.

# 증오의 고삐는
# 세계 잡아당겨라

☀ 공정하고 합당한 증거도 없으면서 누군가를 제멋대로 싫어하는 것은 대부분의 인간들이 행하고 있는 악습이다.

증오의 고삐는 세차게 잡아당겨야 한다. 그렇지 않으면 당신이 타고 있는 말은 파멸의 늪을 향해 달려갈 것이다.

비난하기보다는 동정으로 바라보는 것은 정말 선하고 아름다운 지각력이다. 분노하지 않음으로써 완전한 선으로부터 벗어나는 일이 없도록 하라.

---

비난하기보다는 동정으로 바라보는 것은 정말 선하고 아름다운 지각력이다.

# 아집은 금물이다.
## 융통성을 발휘하라

☀ 고집스럽게 자신의 의견만을 관철시키려 해서는 안 된다. 우매한 자는 영원히 자신의 생각을 바꾸지 않는다.

융통성은 세상을 살아가는 데 있어서 처세의 으뜸이다.

흐르는 물을 보라. 계곡을 만나면 폭포가 되고 평지를 만나면 온화한 시냇물이 되며, 바다를 만나면 조용히 거기에 합류한다.

자신의 중심을 흐트러뜨리지 않으면서 다른 사람과의 온정 넘치는 분위기를 유도하는 것은 세상을 살아가는 묘미이다.

그러나 분노해야 할 때가 있다. 불의와 맞부딪칠 때, 우리는 갈등하고 격노하고 항의해야 한다. 그것이 삶의 본질을 지키는 길이다.

---

흐르는 물을 보라. 계곡을 만나면 폭포가 되고 평지를 만나면 온화한 시냇물이 되며, 바다를 만나면 조용히 거기에 합류한다.

# 대담성과 용기로
# 과감하게 돌진하라

☀ 모든 일에 대담해야 한다. 그것은 우리가 다른 사람에 대해 갖고 있을지도 모르는 과장된 생각을 완화시켜 준다.

자신이 가진 능력을 발휘하기 위해서는 대담성이 중요하다.

모든 인간은 정신과 마음에 있어서 연약하다. 그래서 환상으로만 성공과 위대함을 좇고, 대담성을 가지고 돌진하려 하지 않는다. 그러나 지각 있는 사람은 대담성을 부추겨, 실제로 과감하게 뛰어든다.

대담성과 용기는 야망의 팔이다. 그것을 잘 사용하고 보존해야 한다.

---

지각 있는 사람은 대담성을 부추겨, 실제로 과감하게 뛰어든다.

# 앞날만 생각하라

☀ 자신의 결점에만 신경 쓰는 사람의 열등감을 고쳐 줄 수 있는 사람은 이 세상에 단 한 사람밖에 없다. 바로 당신 자신이다.

또 그것을 고치는 방법은 다음과 같은 말을 명심하는 것이다.

'자기 자신의 일은 잊어버려라!'

부끄러워하거나 주저하는 마음이 생기거나, 무언가 자신의 일이 마음에 걸리게 되면 즉시 그 자리에서 뭔가 다른 일을 떠올려야 한다.

다른 사람과 대화를 나눌 때에는 화제 이외의 일은 일절 염두에 두지 말아야 한다. 상대방이 이쪽 형편을 어떻게 생각하든지, 이쪽의 이야기를 어떻게 판단할지 따위에는 결코 마음을 쓰지 말아야 한다. 자기의 일은 잊어버리고 앞으로의 일만을 계속해서 해나가는 것이다.

---

자신의 결점에만 신경 쓰는 사람의 열등감을 고쳐 줄 수 있는 사람은 이 세상에 단 한 사람밖에 없다. 바로 당신 자신이다. 앞으로의 일만 생각하고 나아가라.

# 넘지 못할 장애는
# 없다

☀ 천재는 끊임없이 노력하는 사람이다.

실패와 성공 사이를 갈라놓는 선은 너무나 미묘하기 때문에, 가령 타고 넘어가도 잘 모른다. 조금만 더 참고 노력하면 꼭 성공할 수 있을 텐데, 문턱까지 와서 포기하는 사람이 너무나도 많다.

바닷물이 쭉 빠질 때는, 또다시 밀려들어 온다는 전조이다. 전망이 실제로 밝을 때가 가장 어둡게 보이는 법이다.

절망이라고 생각될 때에도 조금만 힘을 쓰면, 조금만 더 밀어붙이면 빛나는 성공이 기다리고 있을지도 모른다.

하려고 하는 의욕을 잃어버리지 않는 한 실패란 있을 수 없으며, 우리들이 태어날 때부터 가지고 있는 마음의 약함 이외에는 넘지 못할 장애물은 아무것도 없다.

---

절망이라고 생각될 때에도 조금만 힘을 쓰면, 조금만 더 밀어붙이면 빛나는 성공이 기다리고 있을지도 모른다. 넘지 못할 장애물은 아무것도 없다. 약한 마음을 버려라.

# 열정을 가져라, 그것이 행운의 출발점이다

☀ 어떤 자들은 시작하지 않고 끝내는 반면, 어떤 이들은 시작은 하지만 마무리를 하지 못한다.

시작은 힘차게 하면서 생각 없이 중단하는 것은 정신력이 약하다는 증거다. 무슨 일이든지 끝까지 해내지 못하는 사람은 인내심이 없고 타성에 젖은 사람으로, 명성이나 행운을 기대하기는 어렵다.

스페인 사람들의 정열을 보라. 그들에겐 시작이 있으면 반드시 끝이 있다. 그들은 스스로 할 수 있는 것과 조심해야 할 것들을 이미 알고 있다. 결단력과 추진력이 그들의 힘이다.

최선의 노력을 다한다면 왜 성공하지 못하겠는가! 그리고 노력하지 않으려면 왜 시작했는가!

---

최선의 노력을 다한다면 왜 성공하지 못하겠는가! 그리고 노력하지 않으려면 왜 시작했는가!

# 주변에서 서성이는 사람은
# 결코 중앙에 설 수 없다

☸ 거짓은 언제나 대열의 앞에 있고, 진리는 뒤에 있다.

현명한 자는 대열이 모두 지나간 다음에만 무엇인가를 결정한다.

기만은 피상적인 것이므로 피상적인 사람은 늘 그 기만에 대한 책임이 따르는 것이다.

사물의 내부는 외부에서 볼 수 없으므로, 우리는 그 안을 보려는 치열함을 가져야 한다.

---

현명한 자는 대열이 모두 지나간 다음에만 무엇인가를 결정한다.

# 때를 놓치지 않는 사람이
# 성공한다

☀ 성공하는 사람들의 특징 가운데 하나는, 기본적인 문제를 잘 이해하고 객관적으로 요약해 낸다는 것이다. 그러한 사람은 자신의 신념을 확신이 있으면서도 재치 있게 표현할 줄 안다. 그것은 무엇을 말해야 하는가와 언제 말해야 하는가를 알고 있다는 뜻이다.

재치와 용기로 상반되는 견해를 가진 사람을 정복하는 것이 성공하는 사람들의 능력이다.

---

성공하는 사람은 자신의 신념을 확신이 있으면서도 재치 있게 표현할 줄 안다.

# 지금 행동하라.
## 그 후에 걱정하라

☀ 겁쟁이는 길가에 서서 망설이지만, 용기 있는 자는 길 한가운데서 용단을 내린다. 진정으로 용기 있는 자는 무엇을 할 것인가 방황하는 것이 아니라, 비록 어떤 계획이 다소 불완전하다고 할지라도 결정하고 행동하는 데 주저하지 않는다.

역사 속에서도 항상 어떤 결단을 앞두고 망설이던 사람은 무명으로 사라지고 말았다.

결정을 하는 데는 지성과 함께 그 결정을 실천할 수 있는 근면함이 결부되어 있어야 한다.

---

결정을 하는 데는 지성과 함께 그 결정을 실천할 수 있는 근면함이 결부되어 있어야 한다.

# 일하는 손은
# 위대하다

☸ 어느 방향, 어느 시대의 역사를 돌이켜 보더라도 집을 만들고 새로운 것을 발명하며 미지의 세계를 개척하는 '인간의 손'이 있다.

'손'은 인간의 강함과 위대함을 나타내는 상징이다.

나무를 칼로 깎고 톱으로 켜며 무엇인가를 새기고 여러 종류의 제품을 만들어 내는 기계공의 거친 손은, 들판의 꽃을 그리고 아름다운 항아리를 만들어 내는 예술가의 창조적인 손이나 법률과 제도를 만드는 정치가의 손에 비교해 결코 뒤지지 않는다. 인간이 제아무리 창조적이라 할지라도 손이 없다면 아무것도 창조할 수 없는 것이다.

'손'이란 정말 위대한 것이다. 일하는 '손'은 찬양 받아 마땅하다!

---

기계공의 거친 손이나 예술가의 창조적인 손이나 모두가 위대하다. '손'은 인간의 강함과 위대함을 나타내는 상징이다.

# 참된 만족은 일 속에
# 있다

☀ 행복이란 인내와 근면의 대가라는 것을 명심하라. 아름다운 것을 생각하거나 그 아름다움을 마음속에 품은 것만으로 행복해진다고 생각한다면 커다란 오산이다. 그렇다면 한번 그 '아름다움'을 먹어 보라! 행복의 여신은 그렇게 간단히 찾아오지 않는다. 사랑하는 그녀의 마음에 들고 싶다면 일을 하라. 자신을 돌보지 말고 남을 위해 일하는 것이다.

열심히 일한다는 것은 참으로 훌륭하다. 그렇게 되면 딴생각은 아예 할 수가 없게 된다.

사람은 종종 장시간에 걸쳐 묵묵히 노동에 열중할 때가 있다. 머리에 떠오르는 것은 오직 열심히 일을 계속한다는 것뿐이다. 그러면 갑자기 온 세상이 나의 주위에 활짝 열린 듯한 기분이 들 때가 있다. 그 아름다움, 그 의미를 느끼고 있노라면 무어라 형언할 수 없는 행복감이 무럭무럭 피어오른다. 참된 만족이란 바로 이런 상태를 가리키는 것이리라.

---

참된 만족이란 딴생각 없이 오직 한 곳에 열중할 때 생긴다. 자신이 세상의 중심이 된 듯한 기분이 드는 순간은 그러한 때에 찾아오는 것이다.

# 철저한 준비만이
# 철저한 성취를 이룬다

☼ 사람을 위협해서는 안 된다. 당신의 부하에게 도전할 수 있는 기회를 주어야 한다. 그렇게 함으로써 그는 자신에게 닥칠 필연적인 난관들을 스스로 극복해 나갈 수 있을 것이다.

홍수가 났을 때 가라앉는 사람이 있는가 하면, 헤엄을 쳐서라도 살아남는 사람이 있다. 마찬가지로, 어려울 때 움츠리는 사람이 있는가 하면, 잘 훈련된 자들은 상황 타개의 강한 정신력으로 이겨낸다.

언제나 위급한 상황은 최선과 최악을 동시에 제공한다. 명성을 높일 수도 있고, 교활함과 나태함에 빠질 수도 있다.

---

언제나 위급한 상황은 최선과 최악을 동시에 제공한다. 명성을 높일 수도 있고, 교활함과 나태함에 빠질 수도 있다.

# 강인한 정신력과
# 끈기를 가져라

☀ 정신력이 없는 사람은 본질이 없는 사람이다. 정신의 힘과 끈기가 없으면, 성숙함의 옷을 입을 수 없다. 나약한 무리를 보면 그들은 항상 타성에 젖어 있다.

어떤 상황에서도 절제된 기질과 타성을 유지해야 한다. 그렇지 않으면 비웃음거리가 되고 말 것이다.

잘 조절된 기질을 나타낸다는 것은, 당신의 그릇이 다른 사람을 받아들일 수 있을 만큼 넉넉하다는 사실을 대변하는 것이다.

---

어떤 상황에서도 절제된 기질과 타성을 유지해야 한다.

# 문제의 핵심에
# 집중하라

☀ 인생에 성공하는 사람은 항상 자신을 어떤 사건이 일어나든 그 중심에 놓고 생각한다. 그들의 눈과 귀는 문제의 겉모습이 아니라 핵심에 집중되어 있다. 그들은 주변의 진동이나 변화에 관계없이 일관성을 유지한다.

대부분의 사람들은 인생이라는 험한 삶의 숲속에서 끝없이 방황하고, 성공의 포도밭을 발견하지 못해 위기의식을 느끼곤 한다.

지혜로운 자는 새벽에 출발하여 목표를 향해 적절한 보폭을 유지해서, 마침내 황혼녘에는 성공의 포도가 가득한 목적지에 도착하게 된다.

어리석은 자는 아직도 잘못된 타성으로 시간과 노력만 허비하고 있다.

---

지혜로운 자는 새벽에 출발하여 목표를 향해 적절한 보폭을 유지해서, 마침내 황혼녘에는 성공의 포도가 가득한 목적지에 도착하게 된다.

# 그 무엇도 시간의 무게를
# 견디지 못한다

☀ 어떤 지도자의 명성도 세월 앞에서는 사라지는 안개와 같다. 아무리 좋은 음식도 시간이 지나면 썩듯이 명성도 마찬가지이다.

너무 많이 알려진 것은 사람들이 경외하지 않는다. 평범하더라도 그것이 참신할 때, 기존의 뛰어난 것들을 제압할 수 있다.

따라서 당신은 정신력을 늘 새롭게 해야 한다. 무대가 바뀔 때마다 달라진 모습으로 개성과 인기를 상승시키는 배우의 역할을 숙고할 필요가 있다.

---

평범하더라도 그것이 참신할 때, 기존의 뛰어난 것들을 제압할 수 있다.

# 다양한 맛을
# 창출하라

☀ 완벽한 신사란 다방면에 능숙한 사람을 말한다. 그는 다양한
재주와 멋을 지니고 있어 폭넓은 세계의 삶을 살아가는 사람이
다. 자신의 전문 분야뿐만 아니라 예술과 문화에 대한 풍부한 인
식으로, 그 자신의 인격에 금장식을 할 줄 안다.

음식에도 다양한 맛이 있듯, 인생에서도 보다 다양한 맛을
창출해 낼 줄 알아야 한다. 그런 신사가 인생을 즐길 줄 아는
것이다.

---

음식에도 다양한 맛이 있듯, 인생에서도 보다 다양한 맛을 창출해 낼 줄 알아야
한다.

# 이성 없이 산다는 것은
# 살지 않는 것과 같다

☀ 정신과 이성은 어떠한 일을 추진하는 데 상호보완 관계에 있다. 이성이 깊이 숙고한 것을 정신이 행하는 것이다.

충동이란 방향을 잃어버리고 미성숙한 채로 달리는 무모한 질주이지만, 이성은 충동을 진정시키고 나아갈 방향을 잡아 주는 역할을 한다.

천천히 참는 인내와 함께, 결정적인 시기를 놓치지 않는 신속함은 패배를 없애는 명쾌한 카드다. 고대 로마의 유명한 금언 '천천히 그리고 신속히'는, 오늘도 그리고 내일도 새겨야 할 중요한 말이다.

---

이성은 충동을 진정시키고 나아갈 방향을 잡아 주는 역할을 한다.

# 쾌활한 자는
# 성공만 생각한다

☀ 어떤 일의 적응 여부가 불확실할 경우, 우울한 사람은 성공할 것을 염두에 두지 않고 실패할 것만 걱정한다.

반대로 쾌활한 사람은 실패할 것은 셈에 넣지 않고 성공만을 즐겨 기대한다.

우울한 성격을 가진 사람은 열에 아홉까지 성취해도 기뻐하지 않고, 단지 나머지 하나의 실패를 유감으로 생각한다.

반면, 쾌활한 성격을 가진 사람은 비록 열에 아홉이 실패로 끝났다 하더라도, 단 한 가지의 성공으로도 자신을 충분히 위로할 수 있다.

---

쾌활한 성격을 가진 사람은 비록 열에 아홉이 실패로 끝났다 하더라도, 단 한 가지의 성공으로도 자신을 충분히 위로할 수 있다.

# 자신의 능력에 맞는
# 행복을 추구하라

☸ 물욕物慾으로 일생의 행복을 이룩하려는 것은 무엇보다도 삼가야 한다. 자기 자신의 능력과 자력에 따라, 될 수 있는 대로 욕구를 억제하는 것이 뜻하지 않은 불행을 피하는 가장 확실한 방법이다.

우리가 저지르기 쉬운 가장 큰 잘못은 자기의 한평생에 대하여 너무나 엄청난 설계를 하는 일이다.

인간으로 태어난 이상, 이것저것 성취하고 싶다는 저마다의 소망을 가지고 있지만, 이러한 것은 아주 특별한 경우를 제외하고는 절대로 실현되지 않는다.

모든 계획을 실현하는 데는 예상보다 더 많은 시간이 필요하다. 그리고 실패가 생기기 쉬우며, 이를 완성하기란 매우 드문 일이다.

---

자기 자신의 능력과 자력에 따라, 될 수 있는 대로 욕구를 억제하는 것이 뜻하지 않은 불행을 피하는 가장 확실한 방법이다.

# 결점을 보충할 수 있는
# 장점을 찾아라

☀ 정신이 건전한 사람은 자기에게 어떤 결점이나 부족한 점이 있다 하더라도 다른 능력을 발휘하여 그 부족한 점을 보충하는 방법을 찾는다. 마이너스를 플러스로 전환시키는 점에 인생의 묘미가 있다. 소경은 보지 못하는 대신 귀로 판단하는데, 청각이 보통 이상으로 예민하다.

왼손이 오른손에 비하여 부자유스러운 것은, 오른손만 쓰고 왼손을 사용하지 않았기 때문이다. 왼손도 자주 사용하면 오른손과 같이 자유롭게 쓸 수가 있다. 길들이면 유용하게 쓸 수 있는 능력을 우리는 많이 가지고 있는 것이다.

당신의 약점이나 결점을 찾아내고, 그것을 보충할 수 있는 다른 능력을 개척하도록 힘쓰라.

---

약점을 장점으로 바꾸는 것에 인생의 묘미가 있다. 부족한 점은 다른 능력으로 보충하라.

# 지금 손에 쥐고 있는 시간이
# 인생이다

☀ 시간은 말로써는 이루 다 표현하기 힘들 정도로 멋진 만물의 재료이다. 시간이 있으면 모든 것이 가능하며, 또 그것 없이는 그 무엇도 불가능하다. 시간이 날마다 우리에게 빠짐없이 공급된다는 사실은 생각하면 할수록 기적과 같다.

자, 당신 손에는 당신의 '인생'이라는, 대우주에서 이제까지 짜여진 일이 없는 24시간이라는 실이 쥐어져 있다. 이제 당신은 이 세상에서 가장 귀중한 보물을 자유롭게 할 수가 있는 것이다. 이 매일 매일의 24시간이야말로 당신 인생의 식량이다. 당신은 그 속에서 건강을, 즐거움을, 수입을, 만족을, 타인으로부터의 존경을 그리고 불멸의 영혼의 발전을 짜내는 것이다.

모든 것은 이것이 있어서 비로소 가능하다. 당신의 행복도 마찬가지이다.

---

당신 손에는 당신의 '인생'이라는, 24시간의 실이 쥐어져 있는데, 이것으로 무엇을 짤 것인가는 당신에게 달려 있다.

# 평범한 하루가
# 소중한 하루이다

☀ 우리는 마음이 편하고 건강할 때에는 거의 아무런 생각도 없이 그날그날을 보내고, 우환과 사고가 있을 때에 비로소 지난 날을 추억한다.

수없이 많은 시간 동안에는 이를 즐기려 들지 않고 항상 불만을 갖고 지내며, 우울하고 불쾌한 날을 맞이하고서야 부질없는 후회를 하고, 쓸데없는 탄식을 하게 마련이다.

그러므로 우리는 현재를 무사하고 일상적이며 평범한 현재일지라도 결코 냉대하고 무심하게 보내지 말아야 한다.

---

일상적이며 평범한 현재일지라도 결코 냉대하고 무심하게 보내지 말아야 한다.

# 중간 점검은
# 미래의 행복을 앞당긴다

☸ 총명하고 침착한 마음을 기르기 위해서나, 자기의 경험을 통하여 여러 가지 교훈을 얻기 위해서도, 가끔 지난날을 돌이켜 보라.

일찍이 자기 자신이 보고, 듣고, 실행하고 실험한 것과 이에 수반된 그 당시의 정신 상태를 종합적으로 반성해 볼 필요가 있다.

모든 사물에 대한 자기의 판단이 과거와 현재에 어떻게 변하였는가를 비교하면서, 종전의 목적과 노력을 현재의 결과와 처지에 견주어 보는 것이 중요하다.

---

자기가 보고, 듣고, 실행하고 실험한 것과 이에 수반된 그 당시의 정신 상태를 종합적으로 반성해 볼 필요가 있다.

# 자신의 처지에 어울리는 목표가
# 최상이다

☀ 언제나 자신의 처지에 어울리는 소망을 목표로 삼아야 한다. 끓어오르는 욕구를 조절하고 참을 수 없는 분노를 억제할 줄 알아야 한다.

욕구와 분노는 우리에게 극히 사소한 소득을 줄 뿐이고, 여러 가지 재앙을 가져다주게 마련이다. 따라서 절제하고 근신하는 것이 처세법의 요점이며, 이를 제외하고는 아무리 큰 재화나 권력을 갖고 있어도 욕구와 불만을 참아내지 못한다.

---

# 두 사람이 동시에 같은 일을 해도
# 결과는 다르다

☼ 자신의 모든 행위에 대해서는 결코 제삼자를 본보기로 할 일이 아니다. 나와 남은 처해 있는 상황이나 환경 및 사회적인 관계도 동일하지 않으며, 또한 성격도 다를 뿐만 아니라 행위의 성질도 다르게 마련이다.

'두 사람이 같은 일을 하여도 그것은 결코 한결같지 않다'고 할 수 있기 때문이다. 그러므로 처세에 있어서 사리를 분명히 판단하는 동시에 어디까지나 자기의 본성에 따르는 것이 현명한 방법이다.

또한 독창성을 발휘하는 것은 일상생활에서도 필요한 것이다.

---

처세에 있어서 사리를 분명히 판단하는 동시에 어디까지나 자기의 본성에 따르는 것이 현명한 방법이다.

# 어떤 경우라도
# 반대의 사태를 예상하라

☀ 우리는 언제나 시간의 작용과 변하는 상황에 대하여 유의하지 않으면 안 된다. 따라서 현재 눈앞에 일어나고 있는 사태에 대하여 슬기롭게 대처하고, 곧 그와 정반대되는 사태를 예상하고 행복할 때에는 행복을, 우애에는 반목을, 개인 날에는 흐린 날을, 사랑에는 증오를, 신뢰와 심중의 토로에는 배신과 회한을 분명히 상상해 보아야 하며, 이렇게 하는 것이 곧 지혜의 진수를 습득하는 길이다.

---

현재 눈앞에 일어나고 있는 사태에 대하여 슬기롭게 대처하고, 곧 그와 정반대되는 사태를 예상하라.

# 명확한 판단으로
# 움직여라

☀ 인간을 움직이게 하는 것은 명확한 판단이어야 하며, 결코 상상에서 온 환영幻影이어서는 안 된다.

그러나 이와는 정반대되는 현상이 자주 일어난다. 엄밀히 관찰하면, 우리들이 최종적으로 결단을 내리는 것은 관념이나 판단력에서가 아니라 상상에서 비롯된 환영에 의해서이며, 거의 언제나 이 두 가지 중 어느 한쪽에 치우치게 된다.

---

인간을 움직이게 하는 것은 명확한 판단이어야 하며, 결코 상상에서 온 환영이어서는 안 된다.

# 지나친 수면으로
# 시간을 낭비하지 말라

☀ 기억해야 할 일은, 두뇌를 쉬게 하기 위해서는 충분한 수면을 취해야 한다는 것이다.

수면이 몸에 끼치는 영향은 시계의 태엽을 감는 것과 같다. 그리하여 두뇌가 발달하면 할수록, 또 그 활동이 빈번할수록 수면량도 많아져야 한다.

그러나 지나치게 오래 자는 것은 그 '길이'에서 얻은 것을 '깊이'에서 잃어버리게 되어 결국, 소중한 시간만 낭비하는 꼴이 된다.

---

두뇌가 발달하면 할수록, 또 그 활동이 빈번할수록 수면량도 많아져야 한다.

Those who smile well live a happy life

**4**

# 잘 웃는 사람이
## 인생을
## 행복하게 산다

# 용서는 평화로운 밤을
# 가져다준다

🌙 리더십의 진정한 가치는 상대에게 아낌없이 건네줄 때 드러난다. 속 좁은 왕자가 자신의 권력 이상의 정치를 할 수 없는 반면, 리더십 강한 자는 폭넓은 정치를 할 수 있다.

혹시라도 당신은 중요한 문제와 중요하지 않은 문제를 마구 뒤섞어 놓지는 않은지······.

때로 인생에서 일어나는 많은 일들은 저울 위의 먼지와 같이 의미 없는 것들이기도 하다. 그러므로 위대하고 관대한 사람은 모든 것을 너그럽게 용서할 줄 알며, 잊어버릴 줄 아는 것이다. 용서와 이해로 하루를 보내고 나면, 그날은 악몽 없는 평화로운 밤이 온다는 것을 그들은 잘 알고 있다.

---

용서와 이해로 하루를 보내고 나면, 그날은 악몽 없는 평화로운 밤이 온다.

# 아름다운 삶을 위한
# 원칙을 세워라

🔻 정의로우면서도 평화로운 사람은 단순히 삶만을 영위하는 것이 아니라, 그 존재에 가치를 불어넣는다. 그것은 자신이 설정한 생활의 계율을 엄격히 지킬 때 가능하다.

모든 일을 신중하게 들을 줄 알고, 꼼꼼하게 살펴볼 줄 알고, 침묵할 줄 아는 사람만이 고통 없이 평화로운 일상을 즐길 수 있다.

만족스러운 인생을 살기 위해서는 꼭 필요한 두 가지가 있다. 하나는 자신의 뜰에 평화를 유지하는 것이며, 또 하나는 그곳에서 자신이 꿈꾸던 결실을 거두는 것이다.

자신의 뜰은 태만히 하고, 다른 사람의 골치 아픈 뜰만을 염려하는 것은 참으로 어리석은 일이다.

---

자신의 뜰은 태만히 하고, 다른 사람의 골치 아픈 뜰만을 염려하는 것은 참으로 어리석은 일이다.

# 즐거움은 천천히 누리고,
# 일은 빨리 하라

깊이 인식될 수 있는 진정한 삶이란 뛰는 말처럼 빨리 사는 것이 아니라 산책하듯 사는 것이다. 기쁨과 고통을 조화롭게 엮어갈 줄 아는 것이 바로 인생이다.

많은 사람들은 너무 빠른 보폭으로 살기 때문에 그들의 존재를 허비하고 만다. 목적 없이 내일을 향해 뛰는 것은 권태와 고통만 제공할 뿐이다.

남들이 수십 년 걸려 할 일을 몇 년 만에 해내는 것은 인생의 참 가치를 즐기지 못하는 것이며, 나아가서는 자신을 속이는 것이다.

배움에 있어서도 마찬가지다. 완수하지 못한 특정한 주제는 남겨 두는 것이 좋다. 지나치게 만족하려는 사람은 결코 만족할 수 없다.

---

깊이 인식될 수 있는 진정한 삶이란 뛰는 말처럼 빨리 사는 것이 아니라 산책하듯 사는 것이다.

# 무지한 자만이
# 인생을 홀로 결정한다

🌙 당신 혼자서는 감당할 수 없는 깊은 슬픔을 나눌 만한 강인한 사람을 찾아라. 무지한 자만이 인생의 그 길고 외로운 길에서 홀로 위험에 빠지는 것이다.

자기만의 독특한 개성을 가지고 있는 사람들은 지극히도 변덕스러운 운명의 손에 자신은 닿지 않을 것이라 확신한다. 그래서 그들은 혼자서 걸어가기로 결정한다.

그러나 그들은 이미 앞서 실패했던 고집스러운 사람들의 실수를 너무도 쉽게 망각한 바보들이 아닌가? 고통스러운 순간에, 조용히 당신의 지친 어깨를 어루만져 주는 사람은 그 어떠한 명약과도 비교될 수 없다.

왜 그 무거운 짐을 홀로 지려 하는가! 돌이킬 수 없는 재앙에 부딪혀서야 다른 사람을 찾는 것은 이미 때늦은 일이다.

---

당신 혼자서는 감당할 수 없는 깊은 슬픔을 나눌 만한 강인한 사람을 찾아라.

# 행복은
# 자신의 미소 속에 있다

✍ 아침에 일어나면 배우자에게 아침 인사를 건네고 밝은 미소를 짓자. 상대방 또한 기쁜 얼굴로 미소를 지으며 인사할 것이다.

매일 아침 출근할 때마다 만나는 사람들과 웃는 낯으로 인사를 나누자. 기쁜 얼굴로 인사를 건네올 것이고, 좋은 하루를 시작할 수 있다.

한 번도 본 적이 없는 사람에게도 미소를 건네라. 그도 다정한 미소로 당신을 반겨 줄 것이다.

상대방이 잔뜩 화가 한 얼굴로 항의를 해도 미소를 잃지 않고 상냥하게 대하면, 그 역시 분노를 누그러뜨리려고 노력하게 되므로 서로의 문제점을 해결하기가 한결 쉬워진다.

삶의 행복은 당신의 얼굴에서 결정된다.

---

삶의 행복은 당신의 얼굴에서 결정된다. 사람을 만날 때마다 밝은 미소를 짓고 상냥하게 대하라.

# 용기 없는 지식은
# 허무하다

🐭 판단력은 용기가 있었을 때 위대해진다. 이 기질은 불멸의 시처럼 불후하고 영원한 것이다.

지혜는 판단을 만드는 지식이다. 인생의 복잡한 비밀을 풀어 줄 수 있는 판단력이 없는 세상은 빛이 없는 세상과도 같다.

사람의 손이 그 자신의 눈을 필요로 하듯 판단은 용기를 필요로 한다.

---

인생의 복잡한 비밀을 풀어 줄 수 있는 판단력이 없는 세상은 빛이 없는 세상과도 같다.

# 자신을 잘 아는 사람이
# 모든 것을 정복한다

현실주의자는 인생에서 자신이 원하는 것이 무엇인지를 정확히 알고 있다.

그러나 대조적으로 비현실적인 사람은 그가 원하는 것이 무엇인지 알 수는 있어도, 무엇이 자신을 방해하고 있는지는 모른다.

이 세상에서 무엇을 잃고, 무엇을 얻었는가 하는 것은 마지막 순간에, 자신의 인격에 어떤 손실과 이득이 있었는가를 두고 판단해야 한다.

훌륭한 인격은 평생의 기쁨이 되지만, 많은 재산은 평생의 불행이 될 수도 있다.

---

훌륭한 인격은 평생의 기쁨이 되지만, 많은 재산은 평생의 불행이 될 수도 있다.

# 인생을
# 멋지게 사는 비결

일 자체를 인생의 최종 목표로 생각해서는 안 된다. 일은 반드시 해야 하는 신성한 것이기는 하지만, 그 자체에 목적을 두어서는 안 되는 것이다.

열심히 일을 했으면, 남은 시간은 충분히 쉬어야 한다. 이렇게 하면 인생이 몇 배는 더 즐겁고, 그 동안 일에 치여 녹슬어 가던 재능도 살릴 수 있다. 바로 그것이 인생을 멋지게 사는 비결이다.

삶이 오직 일의 연속이라면 거기에 어찌 참다운 기쁨이나 만족이 있을 수 있겠는가. 평생을 일밖에 모르며 악착같이 일만 하는 사람들에게는 인간적인 매력이 없다. 그런 사람에게 행복이란 있을 수 없다.

---

열심히 일을 했으면, 남은 시간은 충분히 쉬어라. 이렇게 하면 인생이 몇 배는 더 즐겁고, 그 동안 일에 치여 녹슬어 가던 재능도 살릴 수 있다.

# 우유부단한 사람의 마음엔
# 평화란 없다

썰물과 파도에 따라 움직이는 모래처럼 변덕스러운 사람이 있다.

시계추처럼 확신을 갖지 못하고 오른쪽, 왼쪽으로 흔들리는 생각을 가진 사람은 나침반도 없이 바다를 항해하는 불안한 선장과 같다.

그러나 미더운 사람은 안정된 마음을 가지고 있다.

오늘 '예'라고 말하고 내일 '아니오'라고 말하는 자들은, 그들 자신은 물론 다른 사람 안에서도 전혀 평화를 발견하지 못한다.

---

시계추처럼 확신을 갖지 못하고 오른쪽, 왼쪽으로 흔들리는 생각을 가진 사람은 나침반도 없이 바다를 항해하는 것과 같다.

# 어떤 비밀도 지켜라.
## 그것이 존경을 낳는다

～ 비밀을 지키는 침묵의 힘을 가진 자는 그의 넉넉한 인격을 통해 존경을 받는다. 다시 말해 비밀을 함구했을 때 최상의 인격자가 되는 것이다.

함구력은 곧 자제력과 연결된다.

당신은 머리와 가슴으로 생각하는 사람이 타인으로부터 신뢰의 대상이 된다는 사실을 잘 알고 있다. 신중한 사람은 반대나 질타에 직면할 때, 훨씬 더 냉정해지며 침묵을 지킬 줄 안다.

---

신중한 사람은 반대나 질타에 직면할 때, 훨씬 더 냉정해지며 침묵을 지킬 줄 안다. 머리와 가슴으로 생각하는 사람이 되어라.

# 확고하지만
# 유연한 사고를 가져라

～ 완고한 자기 고집만으로 행동하는 자는 어리석음을 도구로
행동하는 자들이다.

지성과 성숙한 논리로 마음을 다스려야 한다.

완고함과 무례함으로 행동하는 이들은 모든 사람을 적으로
만든다. 이런 성격의 소유자는 이중인격과 불신으로 비뚤어진
마음을 가지고 있다. 타인은 그러한 자들을 대할 때 피하기만 할
뿐, 아무런 구제도 베풀지 않는다.

자신을 포기하지 않으면서도, 타인으로 하여금 호의적인 평가
를 내리게 하는 것, 그것이 바로 사랑받을 수 있는 가장 간단한
기술이다.

---

자신을 포기하지 않으면서도, 타인으로 하여금 호의적인 평가를 내리게 하는 것
이 바로 사랑받을 수 있는 기술이다.

# 남의 일에
# 간섭할 시간이 없다

~~ 인생은 매우 짧다. 인생의 핵심을 알고 있는 사람은 남의 일에 간섭하는 것으로 소중한 시간을 낭비하지는 않는다. 그것이 얼마나 덧없고 소용없는지를 알기 때문이다.

불평도 마찬가지이다. 불평도 결국은 자신의 부실한 인격에서 비롯되는 것이요, 미성숙한 자아를 드러내는 것이다.

간섭하기를 좋아하거나 불평을 좋아하는 자는 늘 그러한 관습에 얽매여서 살아간다.

---

간섭하기를 좋아하거나 불평을 좋아하는 자는 늘 그러한 관습에 얽매여서 살아간다.

# 누구를 위한
# 인생인가?

 인생을 보다 적극적으로 살아가는 사람만이 불행을 행복으로 바꿀 수 있다. 절망의 맨 밑바닥까지 떨어졌을지라도 꾸준히 노력하면 절망을 희망으로 바꿀 수도 있다. 그러므로 어떠한 역경에서도 할 수 있다는 신념을 잃지 않는 것이 중요하다.

해야만 하는 일이 있다고, 사명감으로 가득 찬 사람은 어떤 역경에 처하더라도 오히려 그것을 시련으로 받아들여 목적을 완수하려는 불굴의 투혼을 발휘하게 된다.

평소에 자신의 모습을 관조하면서, 또 하나의 자기를 향해 물어 보고 대답을 얻는 연습을 해보자. 누구를 위한 인생인가? 무엇 때문에 살아야 하는가?

---

누구를 위한 인생인가? 무엇 때문에 살아야 하는가? 인생을 보다 적극적으로 살아가는 사람만이 불행을 행복으로 바꿀 수 있다.

# 인정받는 인생이
## 되어야 한다

🪶 나날이 변하는 세상의 모습 속에 사람들도 악화되어 간다. 인간의 심성은 세상을 살아가면서 조금씩 악랄하고 비굴하게 변한다.

참신함을 포기하고 시류에 적당히 묻어 가는 변화란 그야말로 위선 중의 위선이다. 그런 모습들이 정상인지, 비정상인지도 구분할 수 없는 한심한 인간들이 도처에 우글대고 있다.

온 세상을 소유한다고 해도, 인정받지 못하는 인생은 의미가 없다. 떳떳하게 인정받으며 살아가는 것만큼 소중한 것은 없다.

---

# 자신이 바보임을
# 드러내라

🫦 어리석음 중의 어리석음은 바보가 되는 것이 아니라 자신이 바보임을 숨기는 일이다.

세상에는 숨겨야 할 것이 많이 있지만, 자신이 바보임을 숨기는 일은, 영영 그 굴레로부터 벗어날 수 없는 족쇄를 채우는 것이다.

자신의 어리석음을 드러내는 것은 스스로를 극복하려는 의지를 더욱 강하게 만든다. 그것은 자포자기가 아니라 정정당당하게 심판 받고 개선하려는 지혜로운 결단이다.

---

자신의 어리석음을 드러내는 것은 스스로를 극복하려는 의지를 더욱 강하게 만든다. 정당하게 심판 받고 개선하려는 지혜로운 결단이다.

# 억압되지 않은
# 자유로운 시각을 가져라

🌰 편협한 생각을 가지면 인생에서 자신의 역할을 잘못 판단하고 잘못 계산하는 일이 벌어지게 된다.

오만과 편견으로 가려진 견해는 자신에게 다가온 행운을 멀리 내쫓는 일이다.

세상을 비뚤어진 시각으로만 본다면, 이 세상은 뛰어난 양심가도, 훌륭한 철학가도 없는 세상이 될 것이다.

---

오만과 편견으로 가려진 견해는 자신에게 다가온 행운을 멀리 내보내게 된다.

# 남을 미워하기에는
# 너무나 아까운 시간이다

🐛 세상은 다른 사람의 결점을 찾으려는 자들로 가득 차 있다. 사람들은 자신을 합리화하고 타인을 미워하는 데 익숙해 있다.

서로 헐뜯는 비정상적인 환경은 천국도 지옥으로 만들어 버릴 수 있다. 당신은 남을 미워하고 헐뜯기에는 너무나도 아까운 시간을 살고 있음을 명심해야 한다. 인생 가운데는 그런 일 말고도 할 일이 너무도 많다.

---

서로 헐뜯는 비정상적인 환경은 천국도 지옥으로 만들어 버릴 수 있다.

# 고난을
# 예측하지 말라

〰️ 인간은 무엇이나 할 수 있다는 마음만 갖는다면, 설사 어떤 고난에 처해도 언젠가는 반드시 목표를 달성할 수 있다.

이와 반대로, 아주 단순한 일일지라도 자기에게는 무리라고 생각한다면, 두더지가 쌓아 올린 흙더미에 지나지 않는 일도 어마어마한 태산처럼 보이게 된다.

---

무엇이나 할 수 있다는 마음만 갖는다면 어떤 고난에 처해도 반드시 목표를 달성할 수 있다.

# 인격은 취소할 수 없는
# 것이다

흔히 말하는 행운이나 불운은 실제로 사람이 살아가면서 부딪히면서 경험하는 사실 자체보다 우리가 그것을 받아들이고 느끼는 것이 더 중요하다.

우리들 자신 속에 깃든 진정한 자기, 진정한 소유, 다시 말해 인격과 그 가치는 우리들의 행복과 안락에 있어서 유일하고 직접적인 요소이며, 그 밖의 모든 것은 단지 간접적인 조건에 지나지 않는다.

그러므로 그 영향력과 효능은 취소되거나 소멸될 수도 있으나 인격은 취소될 수도, 소멸될 수도 없다.

---

행운이나 불운의 영향력과 효능은 취소되거나 소멸될 수도 있으나 인격은 취소될 수도, 소멸될 수도 없다.

# 건강하라!
## 모든 것이 기쁨으로 보인다

〰 '인간의 마음을 산란하게 하는 것은 사물이 아니라 사물에 대한 자기의 견해이다.'

때문에 열 가지 행복 가운데 아홉은 건강에 좌우된다.

건강은 모든 기쁨의 원천이며, 반대로 건강하지 못하면 외부의 어떤 행복도 즐겁지 않을 뿐더러 행복에 대한 그 외의 요소들도 능력이 감퇴하게 된다. 우리가 흔히 인사를 할 때, 우선 건강 여부를 묻는 것도 우리들의 행복에 있어서 건강만큼 중요한 것이 없기 때문이다.

---

열 가지 행복 가운데 아홉은 건강에 좌우된다.

# 불만이 많은 자는
# 잃는 것도 많다

〰️ 모든 사람에게 최상의 것, 최고의 것은 다름 아닌 '자기 자신'이다. 따라서 이를 소유하고 이루어 나가는 것 또한 자기 자신인 것이다. 그리하여 마침내 이 점에 대하여 성공하면 할수록, 또한 자신의 기쁨과 즐거움의 원천을 찾아내면 낼수록 진정한 의미의 행복을 손에 넣을 수 있다.

행복은 자기 스스로 만족하는 자에게만 있는 것이다.

---

행복은 자기 스스로 만족하는 자에게만 있는 것이다.

# 자유로운 시간은
# 자신의 가치를 높인다

〰 마음의 부자가 필요로 하는 것은 정신력의 발달과 완성을 도모하고, 자기 안에 있는 보배로운 것들을 즐길 수 있는 시간적인 여유이다.

한평생을 통하여 언제나 자기 자신으로서 존재하기 위한 자유로운 시간이 필요하다.

고금을 막론하고 정신적인 거물들은 모두가 자유로운 시간적 여유에 대하여 커다란 가치를 인정하였다. 한 인간이 지닌 가치는 그 자신의 됨됨이에 따라 얼마든지 높아질 수도 있기 때문이다.

---

인간이 지닌 가치는 그 자신의 됨됨이에 따라 얼마든지 높아질 수 있다.

# 과거에 얽매이지 말라.
## 고통만 커진다

〜 우리가 재물과 안락을 잃었을 경우에도, 그 당시의 고통을 참고 견딘다면 이전과 별로 다를 것도 없다. 이것은 결국 운명이 소유물의 지수를 대폭적으로 삭감하였기 때문에 우리의 욕구도 그에 따라 삭감되는 것이다.

이와 같이 힘든 상황에 처하여 우리의 욕구를 낮춘다는 것은 참기 어려운 고통이다.

그러나 과거의 욕구를 조금만 낮춘다면, 고통은 점점 사라지고 드디어는 고통을 전혀 모르고 살아갈 수 있다.

---

욕구를 조금만 낮춘다면, 고통은 점점 사라지고 드디어는 고통을 전혀 모르고 살아갈 수 있다.

# 인간의 마지막 목표는
# 존경받는 것이다

꧁ 모든 인간이 바라는 최후의 목표는 남들로부터 보다 많은 존경을 받으려는 것에 지나지 않는다. 이 사실이야말로 인간의 아둔한 뿌리가 얼마나 깊이 박혀 있는가를 입증한다.

'인정받지 못한 박학은 한낱 장식물이다.'

그리하여 자기에 대한 타인의 견해를 과대평가하는 것은 예로부터 성행되어 온 잘못된 믿음으로서, 그것이 비록 우리들의 성품에서 비롯된 것이건 아니면 사회의 진화와 문명의 발달에 기인한 것이건, 모두가 인간의 활동을 부자연스럽게 하고 인간의 행복에 해롭고 불리한 영향을 미친다.

---

인정받지 못한 박학은 한낱 장식물이다.

# 존경받고 싶다면
# 침묵을 지켜라

🐛 허영은 말이 많으며, 자부심은 말이 적다.

언제나 말이 많은 것보다 침묵을 지키는 것이 한층 더 손쉽게 다른 사람들의 존경을 받게 되므로, 허영심이 많은 사람들은 이 사실을 깨달아야 할 것이다.

자부하려는 생각만으로는 단지 그럴싸하게 보일 따름이다. 그러므로 그릇된 일시적인 존대는 얼마 안 가 무너져 버리고 만다.

참된 자부심은 오직 자기의 장점과 뛰어난 가치에 대한 움직일 수 없는 확신에 의해서만 이루어지기 때문이다.

---

참된 자부심은 오직 자기의 장점과 뛰어난 가치에 대한 움직일 수 없는 확신에 의해서만 이루어진다.

# 호감을 얻는다는 것은
# 삶의 대단한 활기이다

〰 인간이 스스로 아무런 죄가 없다는 것을 알고 있어도 어떤 동기에 의하여 갑자기 남의 호의를 상실하였을 때나, 일시적으로 짊어진 의무에 대한 실수를 남이 알게 되었을 때 얼굴을 붉히는 것은 바로 명예심이나 수치심이 있기 때문이다.

남들의 호감을 사고 있다는 확신만큼 삶에 활기를 북돋아 주는 것은 없다. 남들에게 호감을 얻으면 은연중에 협조를 기약할 수 있으며, 자기 혼자만의 힘보다 다수의 힘이 인생에서 재난을 만났을 때 훨씬 더 큰 의지가 되기 때문이다.

---

남들에게 호감을 얻으면 은연중에 협조를 기약할 수 있으며, 훨씬 더 큰 의지가 된다.

# 부정으로 이익을 취하는 것만큼
# 어리석은 일은 없다

❦ 인간과 인간의 관계는 매우 복잡하기 때문에 명예도 여러 가지 종류가 있다. 그 가운데 가장 범위가 넓은 것이 개인으로서의 명예이다.

각자는 타인의 권리를 존중하여, 결코 부정이나 불법으로 자기만의 이익을 취해서는 안 된다는 것이 그 전제다.

명예를 지켜 나가는 것이 평화로운 사회생활에 참여하는 유일한 생활 조건이므로, 한 번이라도 다른 사람 앞에서 이러한 사회적인 묵계를 파기하는 행동을 한다거나, 제도적인 형벌을 받는다면 자신의 명예는 영원히 상실되고 만다.

---

각자는 타인의 권리를 존중하여, 결코 부정이나 불법으로 자기만의 이익을 취해서는 안 된다.

# 명예는 뜻하지 않은 모욕으로
# 손상된다

➰아무리 올바른 성품과 깨끗한 심성을 가지고 있더라도, 누구에게서든 뜻하지 않은 모욕을 한번 당하기만 하면, 단지 그 이유만으로 순식간에 그의 명예는 손상되고 만다.

이러한 무모한 모욕을 곧잘 감행하는 것은 언제나 쓸개 빠진 무리들이다. 스스로 멸시와 무시를 당하는 자일수록 그 혓바닥은 예리하기 때문이다.

이러한 자들일수록 가장 뛰어난 자들에 대하여 거센 반항을 하고 싶어 한다. 우수한 자의 장점은 열등한 자의 분노를 사기 때문이다.

---

올바른 성품과 깨끗한 심성을 가지고 있더라도 단 한 번의 모욕만으로 순식간에 명예는 손상되고 만다.

# 행복하려거든
# 주위에 기쁨을 주어라

〜 당신이 누군가를 기쁘게 해주었다면, 상대방 역시 자신을 기쁘게 해준 당신에게 기쁨을 주고 싶어 할 것이다. 그러므로 당신이 누구에게든지 기쁨을 주었다면, 그 기쁨은 되돌아오게 마련이다.

가령 출근길에 만난 직장 동료에게 먼저 웃는 얼굴로 인사를 건네 보라. 부드럽고 밝게 웃는 얼굴로 이런 아침 인사를 건네면 그 어떤 사람도 기분이 좋아질 것이다. 상대방이 웃음 띤 얼굴로 답례하는 모습을 보면 먼저 인사를 건넨 당신의 마음 역시 흐뭇해지는 것이다.

당신의 생활을 즐겁고 만족스러운 시간으로 만들고 싶다면, 주위 사람들을 먼저 기쁘게 해주려는 마음을 갖고 그것을 실행에 옮겨라. 결국 당신에게 돌아오는 기쁨도 그만큼 많아지게 되고, 당신의 생활이 더욱 풍요로워지는 것을 느끼게 될 것이다.

---

당신이 누군가를 기쁘게 해주었다면, 상대방 역시 자신을 기쁘게 해준 당신에게 기쁨을 주고 싶어 할 것이다. 당신이 누구에게든지 기쁨을 주었다면, 그 기쁨은 되돌아오게 마련이다.

# 진정한 행복은
## 자기 속에 있다

～ 우리들의 참된 행복은 결코 명성이 아니라 명성을 낳은 우리들의 진가, 좀 더 정확히 말하면, 명성의 근원이 되는 도덕적 성격과 이지적 재능에 있다.

가장 행복한 부분은 필연적으로 우리들 자신 속에 깃들어 있다. 단지 타인의 뇌리에 비친 견해에 의존하는 것은 하나의 덤이요, 부록이며 우리 자신에 대하여 오직 종속적인 관계를 갖고 있을 따름이다.

---

가장 행복한 부분은 필연적으로 우리들 자신 속에 깃들어 있다. 단지 타인의 뇌리에 비친 견해에 의존하는 것은 하나의 부록이다.

# 즐거움은 일상 속에서
# 천천히 다가온다

즐거움이란 초대장이나 안내장 없이, 허례를 차리지 않고 몰래 스며드는 것이 보통이다. 화려하고 굉장한 회합이나 의식을 좇아오는 경우란 극히 드물다. 대개는 사소한 이유로 일상생활에 흔히 있는 환경 속에서 스스로 나타나는 것이다.

그것은 또한 금 덩어리처럼 우연의 손에 의하여 흩어지게 되어, 일정한 장소에서 커다란 덩어리로 있는 것은 극히 드물다. 이 즐거움은 대체로 조금씩 발견된다.

---

즐거움이란 초대장이나 안내장 없이, 허례를 차리지 않고 몰래 스며든다.

# 행복한 사람은
# 사소한 일로 걱정한다

🪰 어떤 인간이 누리고 있는 행복이 어느 정도인가를 측정하려면, 즐거움보다도 우환으로 여기고 걱정하는 것을 살펴보아야한다. 우환의 근원이 사소하면 사소할수록 당사자의 행복은 큰것이기 때문이다.

다시 말하면, 사소한 일을 가지고 한탄하는 것은 필경 어느 정도 행복을 누리고 있을 때이며, 큰 불행이 닥쳐오면 사소한 걱정은 거들떠볼 여념이 없는 것이다.

---

사소한 일을 가지고 한탄하는 것은 어느 정도 행복을 누리고 있을 때이며, 큰 불행이 닥쳐오면 사소한 걱정은 거들떠볼 여념이 없다.

# 작은 것에서 찾는
# 행복

〰 우리를 행복하게 하는 것은 모든 사소한 일을 지키는 데 있다. 우리들은 그 시야가 좁으면 좁을수록, 또 행위의 접촉 범위가 작으면 작을수록 더 많은 행복을 누릴 수 있다.

반대로 그 범위가 넓어지면 그만큼 걱정과 욕구가 증가한다. 그러므로 장님이라 할지라도 우리가 단순히 생각하는 것처럼 그렇게 불행하지는 않으며, 이 사실은 그들의 저 고요하고도 오히려 명랑하기까지 한 그 용모를 보아도 알 수 있다.

---

우리를 행복하게 하는 것은 모든 사소한 일을 지키는 데 있다.

# 행복은 자신에게 만족하는
# 사람에게만 있다

🐌 자기에게 만족하고 자신을 만물의 척도로 생각하며 '나는 모든 소유물을 나의 마음속에 갖고 있다'고 말할 수 있다면 행복을 얻는 가장 큰 자격을 가진 자이다.

아리스토텔레스가 '행복은 자기에게 만족하는 사람에게만 있다'고 말한 것은 우리가 명심해야 할 명언이다.

우리가 이 세상에서 어느 정도의 확신을 갖고 유지할 수 있는 것은 다만 자기 자신뿐이며, 타인과의 교제나 접촉은 반드시 허다한 혐오와 손실과 위험을 주기 때문이다.

---

자기에게 만족하고 자신을 만물의 척도로 생각하며 '나는 모든 소유물을 나의 마음속에 갖고 있다'고 말할 수 있어야 한다.

# 지금 자신이 가진 것이
# 가장 소중한 것이다

인간은 자신이 소유하고 있지 않을 것을 보면 흔히 '저것이 내 것이었으면' 하고 부러워한다. 이러한 생각은 자신의 '부족'함에 대한 괴로움을 느끼게 하므로, 오히려 우리는 스스로 '이것이 내 것이 아니었다면' 하고 바라는 것이 옳다.

현재 손에 넣고 있는 소유물이 상실되었을 경우를 생각해 보라. 재물, 건강, 친구, 애인, 자식, 강아지 등등 자신의 온갖 소유물이 없어진다면 어떻게 될 것인가를 생각해 보라.

현재 손에 넣고 있는 소유물이 상실되었을 경우를 생각해 보라. 자신의 온갖 소유물이 없어진다면 어떻게 될 것인가.

# 밝은 마음으로 생활하면
# 얼굴도 밝아진다

━ 일류 미용실에서 훌륭한 미용 전문가의 솜씨로 외모를 아름답게 다듬는 것만으로 아름다워지는 것이 아니다. 진정한 아름다움이란 내면의 충실함에서 드러나는 것이다.

자신의 하루를 아름다움으로 보내는 시간이 많으면 많을수록 자기 얼굴에 아름다움을 새기는 시간 또한 많은 것이다. 이때 비로소 사람의 안팎이 아름다워진다.

이와는 반대로 자신의 일상에 만족하지 못하거나, 주변 사람들에 대한 불만으로 가득한 사람은 그만큼 많은 시간을 자신의 얼굴을 추하게 만드는 일에 할애하는 것이나 마찬가지이다. 무척 잘생긴 얼굴임에도 불구하고 상대방에게 좋지 않은 느낌을 주게 되는 것이다.

밝은 마음으로 생활하면 얼굴도 밝아지고, 어둡고 부정적인 마음으로 살아가면 얼굴도 어둡고 부정적인 이미지를 준다는 사실을 명심하라.

---

밝은 마음으로 생활하면 얼굴도 밝아지고, 어둡고 부정적인 마음으로 살아가면 얼굴도 어둡고 부정적인 이미지를 준다.

# 배려는 손해를 막고,
# 관용은 싸움을 막는다

🌙 세상을 살아 나가려면 더없이 세심한 배려와 관용을 지니지 않으면 안 된다. 세심한 배려는 손해와 손실을 면할 수 있으며, 관용에 의해서는 싸움을 피할 수 있다.

세상 사람들과 함께 살아 나가야 하는 이상, 아무리 졸렬하고 가련한 개성일지라도 절대적으로 배격해서 좋을 것은 없다. 개성이라는 것은 자연에 의해서 정해지고 또 주어졌기 때문이다.

오히려 개성은 형이상학적 원리에서 비롯하여, 현재의 이러한 형태로밖에 있을 수 없는 불가사의한 것이라고 보아야 할 것이다.

---

세상 사람들과 함께 살아 나가야 하는 이상, 아무리 졸렬하고 가련한 개성일지라도 절대적으로 배격해서 좋을 것은 없다.

# 지나친 상상력은
# 자제하라

◝◝ 닥쳐올 불행에 대하여 자기의 상상력을 경주하는 것을 억제
할 필요가 있다.

우선 상상력으로 공중누각을 쌓아서는 안 된다. 무엇보다도
삼가야 하는 것은 여러 가지 불행을 가상적으로 상상해서 미리
걱정하는 일이다.

자신이 처한 재앙이 상상의 산물일 때에는 속히 꿈에서 깨어
나 모든 것이 환영이었음을 깨닫고, 평온한 현실에 더욱 충실할
수 있어야 한다.

만일의 불행에 대한 경계심을 기르는 것도 나쁘지는 않지만,
지나치게 앞선 상상력은 간접적인 이득보다 직접적인 손실이
더 많다.

---

불행에 대한 경계심을 기르는 것도 나쁘지는 않지만, 지나치게 앞선 상상력은
간접적인 이득보다 직접적인 손실이 더 많다.

# 내 소망만큼이나
# 남의 소망도 중요하다

🪱 극악무도한 사람들은 자신의 욕망을 위해서라면 다른 사람의 꿈과 이상을 함부로 파괴하는 돌이킬 수 없는 죄를 저지른다.

세상이 이토록 험해지고 비참해진 것은 바로 그러한 자들의 무법적인 행동 때문이다.

설령 그 사실이 침묵 속에 가려져 있다 하더라도 역사와 시간은 그들을 심판하고 말 것이다. 세월은 반드시 공정했던 약자의 편에 설 것이다.

---

세월은 반드시 공정했던 약자의 편에 선다.

# 잘 웃는 자가
## 행복하다

🝆 어떤 자의 행복과 불행을 판단하는 근거는 젊고, 잘생기고, 부유함으로 세상 사람들의 존경을 받고 있는 것보다는 그 자신이 실제로 쾌활한 기분을 갖고 있느냐 없느냐의 여부에 달려 있다.

이것은 지극히 단순한 논리인 것도 같지만, 그 속에는 무시할 수 없는 진리가 숨어 있다.

우리는 이 '상쾌함'이라는 것을 맞아들일 수 있도록 문을 활짝 열어 놓아야 한다. '상쾌함'만은 언제 찾아와도 지장이 없는 것이다.

---

행복과 불행을 판단하는 근거는 그 자신이 실제로 쾌활한 기분을 갖고 있느냐의 여부에 달려 있다.

# 인생은 꿈꾸는 대로
# 이루어진다

❧ 인생은 그 운명의 당사자가 꿈꾸는 대로 이루어진다. 사람의 삶에는 '마음에 그리는 것이 현실로 나타난다'는 마음의 법칙이 존재하는 것이다.

'자신이 인정하는 것만이 존재한다'라는 삶의 법칙을 잊어서는 안 된다. 무엇인가를 인정한다는 것은 마음에 희망의 씨앗을 심는 것이다. 그리고 자신의 마음에 희망의 씨앗을 심는다는 것은 주어진 운명에 의지의 그림을 그린다는 뜻이다.

자신의 운명은 자기 스스로 개척하는 것이다. 이러한 개척 정신은 이미 주어진 운명도 능히 바꿀 수 있는 것으로, 이보다 더 자신의 삶을 값지게 하는 것도 없다.

---

인생은 그 운명의 당사자가 꿈꾸는 대로 이루어진다. 마음에 그리는 것이 현실로 나타난다는 믿음으로 희망의 씨앗을 심고 가꾸어라.

# 번민과 권태에서
# 벗어나라

🐛 인간의 생활을 객관적으로 볼 때, 우리의 행복을 위협하는 것은 번민과 권태라고 말할 수 있다.

인생이란 단지 이 번민과 권태 사이를 왕래하는 강하고 약한 진동이다.

권태에 빠져 있는 사람은 의식이 무미건조하기 때문에 고뇌가 일어나기 쉬우며, 권태의 원천인 공허를 느낀다. 이러한 번민으로부터 벗어나게 하는 것은 무엇보다도 자신의 넉넉한 마음가짐이다.

마음가짐은 정신의 재산으로, 그 정도가 크면 클수록 권태가 침입할 여지가 없어진다.

---

번민으로부터 벗어나게 하는 것은 무엇보다도 자신의 넉넉한 마음가짐이다.

# 자신의 삶은
# 자신만의 몫이다

🔊 인간은 자기의 관념 속에서 '삶'을 영위하는 것이지, 결코 남의 관념 속에서 살아가는 것이 아니다.

자기 자신으로서의 참된 모습 즉 건강, 기분, 능력, 수입, 가족, 친구, 주택 등이 자기에 대한 제삼자의 당치도 않은 견해보다 훨씬 행복과 불행을 좌우한다는 사실을 생각한다면 반드시 행복을 가져오는 데 도움이 될 것이며, 이와 반대되는 생각을 하면 불행을 초래하게 된다.

---

인간은 자기의 관념 속에서 '삶'을 영위하는 것이지, 결코 남의 관념 속에서 살아가는 것이 아니다.

# 일하는 시간을 휴식처럼
# 즐겁게 연출하라

시간을 의도적으로 쪼개어 쓴다고 해서 하루가 짧아지는 것은 결코 아니다. 오히려 점점 더 길고 따분하게 느껴질 뿐이다. 그런 짓을 할 때마다 당신은 필요 이상으로 시계를 의식하기 때문이다. 주전자의 물이 끓기를 지켜보고 있을 때처럼 지루함이 가중되고, 온 신경을 집중시켜야 한다.

영리한 사람은 자기가 하는 일에서 지루함을 없애는 가장 효과적인 방법을 알고 있다. 그는 일하는 시간을 휴가처럼 즐겁고 재미있는 시간으로 연출할 수 있다.

이른 저녁에 파티에 참석해서 새벽까지 놀더라도 지루한 마음은 전혀 들지 않는다. 그 시간은 거의 하루의 노동 시간과 같은 길이다. 그러나 흥미롭고 즐거운 시간이기 때문에 쏜살같이 지나간다. 어떤 일에 마음이 빼앗기면 시간은 금세 지나가 버리고 마른 것이다. 바로 그러한 기분을 느끼는 것이 시간을 유용하고 흥미롭게 보내는 요령이다.

---

어떤 일에 마음이 빼앗기면 시간은 금세 지나간다. 일하는 시간을 흥미롭게 만들어라. 시간을 유용하고 즐겁게 보내는 방법이다.

# 감정은 놀랄 만큼
# 빨리 전달된다

🪱 정신적으로, 성격적으로 서로 유사하거나 이와 반대로, 전혀 다른 몇 마디 말만 주고받아도 쉽게 상대방을 알게 된다. 그리하여 사소한 점에서부터 서로 친하기도 하고 미워하기도 한다. 그 친밀감이나 증오감은 가히 놀라울 정도의 가속력을 가지고 있다.

본질적으로 상이한 사람들이 대면하면, 이야기는 피차에 전혀 뜻도 통하지 않고 관련성도 없게 마련이다.

유사한 사람들끼리는 모든 면에서 곧 화목해진다.

---

유사한 사람들끼리는 모든 면에서 곧 화목해진다.

# 선량한 사람은
# 부끄러울 것이 없다

🌰 깨끗하고 선량한 사람의 마음에는, 타락이나 쾌락과 같은 한 점의 오점도 존재하지 않는다. 무대에 나갈 차례가 되어 당황하며 준비를 시작하는 배우와는 달라서 이러한 사람들은 언제 어느 때 죽음이 찾아와도 당황하지 않는 법이다.

그는 뒷걸음질 치며 피하지도 않는다. 인생의 노예도 아니며, 인간으로서의 의무에 무관심하지도 않다. 그에게는 죄에 해당되거나 부끄러워할 부분이 하나도 없다.

그는 하늘이 내려 준 자신의 분수를 지키며 그 속에서 만족스럽게 사는 사람이다. 그의 행동은 올바르고 모든 사람에게 친절하다.

매일을 마치 이 세상 최후의 날과 같이 살며, 조용하고 진실하며, 운명에 거역하지도 않는 사람, 이러한 사람이야말로 도덕적으로 완성된 인간일 것이다.

---

선량한 사람은 어느 순간에도 피하거나 당황하지 않는다. 그에게는 부끄러움이나 죄가 없기 때문이다.

# 노력하는 것만큼
# 행복해진다

🖎 인간은 스스로 노력하여 얻은 결과만큼 행복해진다. 다만 그러기 위해서는 무엇이 행복한 생활에 필요한가를 먼저 알아야 한다. 검소한 기호, 어느 정도의 용기, 어느 정도까지의 자기부정, 일에 대한 애정 그리고 무엇보다도 맑은 양심이 필요한 것이다.

행복은 막연한 꿈이 아니다. 경험과 사고를 올바르게 활용함으로써 인간은 자기 자신으로부터 많은 것을 끌어낼 수가 있다. 결단과 인내에 의해서 인간은 자기의 건강을 되찾을 수도 있게 된다.

그러므로 인생을 있는 그대로 살자. 그리고 감사함을 잊지 말도록 하자.

---

행복은 막연한 꿈이 아니다. 경험과 사고를 올바르게 활용함으로써 인간은 자기 자신으로부터 많은 것을 끌어낼 수가 있다.

# 작은 일로
# 감정을 다치지 말라

일상생활에 있어서 가장 조심해야 할 것은 사소한 감정을 어떻게 처리할 것인가에 있다. 사람은 흔히 큰 불행에 대해서는 체념을 하지만, 조그마한 기분 나쁜 일에 대해서는 도리어 감정을 억제하지 못한다. 그러니 우리가 마음의 준비를 갖추어야 할 것은 큰 불행보다는 사소한 일에 있다. 사소한 기분 나쁜 일들은 하루에도 몇 번씩 부딪치는 것이며, 또 그 사소한 일들이 도화선이 되어 큰 불행으로 발전하는 일도 적지 않기 때문이다.

감정이란 그릇이 기울면 엎질러지는 물과 같은 것이니, 늘 조심성 있게 다룰 필요가 있다. 일단 기울면, 평화와 조화가 파괴되는 것을 염두에 두고 기울기 쉬운 순간에 억제해야 한다.

---

사람은 흔히 큰 불행에 대해서는 체념을 하지만, 조그마한 기분 나쁜 일에 대해서는 도리어 감정을 억제하지 못한다. 감정이 기울기 쉬운 순간에 억제하라.

# 따뜻한 마음을
# 가져야 한다

🍃 우리는 내가 어떤 대가를 치르더라도 다른 사람에 대해 따뜻한 마음을 갖도록 노력하는 것을 습관처럼 하지 않으면 안 된다.

남이 사랑을 받을 만한가 아닌가를 물을 필요는 없다. 오로지 악한 사람은 이 세상에 거의 없다고 해도 좋다. 실상으로 누가 진실로 정당하고 정당하지 못한가는 판단하기 어려운 일이기 때문이다.

따뜻한 마음을 잃는다면 무엇보다도 그 사람 자신의 인생이 외롭고 비참하게 되고 만다.

---

따뜻한 마음을 잃는다면 인생이 외롭고 비참하게 전락하고 만다. 다른 사람에 대해 따뜻한 마음을 갖도록 노력하는 것을 습관처럼 하여라.

# 즐거움은
# 사방에 널려 있다

～ 마음이 착한 사람은 남이 곤란한 일을 당했을 때 자기도 모르게 친절하게 말하며, 돕지 않고는 못 배긴다. 그런 사람은 친절한 일을 할 때마다 무한히 즐거워지고, 그 즐거움은 보람이 된다. 이런 멋진 즐거움이 또 어디 있을까.

행복해지고 싶은 사람이라면 잠시 동안이라도 가슴에 손을 얹고 생각해 보라. 그러면 진정한 즐거움은 발밑에서 돋아나는 잡초나 아침 햇살에 빛나는 꽃의 이슬과 같이 우리 주변에 무수히 널려 있다는 것을 알 수 있을 것이다.

새로운 종자를 얻을 수 있다는 희망이 없다면, 농부는 밭에 씨를 뿌리지 않는다.
이익을 얻게 된다는 즐거움이 없다면 장사꾼은 장사를 할 수가 없다.

# 모든 것이 인간을 행복하게
# 하는 일들이다

～ 온갖 참되고 건강한 즐거움을 맛본다는 것은 사람이 세상에 처음 태어났을 때부터 가능했으며, 지금도 여전히 가능하다. 그리고 그런 즐거움을 맛볼 수 있는 것은 주로 마음이 평안할 때이다.

보리 이삭이 자라나는 것을 지켜본다, 밭에 나가 괭이나 호미로 노동을 하면서 가쁘게 숨을 몰아쉰다, 독서 삼매경에 빠져든다, 사색에 잠긴다, 누군가를 사랑한다, 그의 사랑을 갈구한다, 신께 기도 드린다……. 이 모두가 인간을 행복하게 하는 일들이다.

많은 사람들이 이 세상의 참된 왕국이 어디에 존재하는가 찾아다니고 있지만, 때로는 앞마당이나 텃밭에 참으로 무한한 영토가 건설되기도 하는 것이다.

---

많은 사람들이 이 세상의 참된 왕국이 어디에 존재하는가 찾아다니고 있지만, 때로는 앞마당이나 텃밭에 참으로 무한한 영토가 건설되기도 하는 것이다.

**인생을 바꾸는**
## 긍정의 한마디

**초판 1쇄 찍은 날**   2019년 9월 16일
**초판 1쇄 펴낸 날**   2019년 9월 20일

**지은이**      이정환
**펴낸이**      김형성
**펴낸곳**      ㈜시아컨텐츠 그룹

**주소**        서울시 마포구 성산동 278-22. 태남빌딩 2F
**전화**        (02) 3141-9671(代)
**팩스**        (02) 3141-9673
**이메일**      siaabook9671@naver.com
**등록일**      2014년 5월7일
**등록번호**    제 406-251002014000093

ISBN 979-11-88519-16-3 03190

이 도서의 국립중앙도서관 출판예정도서목록(CIP)은 서지정보유통지원시스템 홈페이지(http://seoji.nl.go.kr)와 국가자료공동목록시스템(http://www.nl.go.kr/kolisnet)에서 이용하실 수 있습니다.